吳慶坻 原著／蔡登山 主編

清朝全觀察

蕉廊脞錄

導讀　吳慶坻和《蕉廊脞錄》

蔡登山

吳慶坻（一八四八－一九二四），字子脩、敬彊、子修，號補松老人、悔餘生、蕉廊，浙江錢塘縣人。為仕宦之家，從乾隆至清末，七代仕宦，三世史官。其祖父吳振棫（一七九〇－一八七〇），字仲雲，號毅甫。嘉慶十九年（一八一四）進士。二十四年任貴州副考官。道光二年（一八二二）為雲南大理知府。道光七年後，歷任山東登州、沂州、濟南和安徽鳳陽知府，山東登萊青道，貴州糧輸道、貴州按察使，山西、四川布政使等職。咸豐二年（一八五二），以功升任雲南巡撫，咸豐四年兼署雲貴總督。次年，轉任陝西巡撫。咸豐六年提拔為四川總督。雲南回民和漢民因爭奪石洋廠礦，爆發了滇西回民起義。吳振棫奉命任雲貴總督，率領川兵進滇，用剿撫兼施手段平息起義。不久，因病離職。同治元年（一八六二）後，在陝西與巡撫瑛桂辦理軍務。同治七年還鄉，在敷文書院講學。著有《國朝杭郡詩續輯》四十六卷、《無腔村笛》二卷、《黔語》二卷、《花宜館詩鈔》十六卷及《續鈔》一卷、《養吉齋叢錄、餘錄》等。《養吉齋叢錄》以典章制度為主，兼及宮內殿閣苑囿、奇事趣聞、科舉武備、飲食服飾、遊娛慶典等，較全面的勾勒出一幅清宮圖畫。《餘錄》，除增補宮內典故外，還記載蜀滇風情、各地名勝、文壇佳話、士林美談等。全書對於瞭解與研究清代社會政治、歷史、文化方面頗有參考價值。

吳慶坻自幼跟隨祖父在任，足跡遍四川、陝西、河北、山西等地。同治七年（一八六八）隨父回到杭州，之後入樸學大師俞樾在杭州創辦的詁經精舍。光緒二年（一八七六），鄉試中舉；光緒十二年（一八八六），登進士。同年五月，改翰林院庶吉士。光緒十五年四月，散館，授翰林院編修，後升任國史館協修。光緒十七年，任順天鄉試同考官。光緒二十一年，任會典館畫圖處纂修、次年任會典館畫圖處幫總纂。光緒二十二年，任功臣館纂修。光緒二十三年，任四川學政。光緒二十七年，任本衙門撰文。光緒二十八年，任政務處幫總辦；次年改雲南鄉試副考官、湖南學政。光緒三十一年，任政務處總辦、次年署理湖南提學使，曾隨各省提學使日本教育考團赴日考察。光緒三十三年，署湖南布政使、湖南提法使。宣統元年，任湖南提學使。辛亥革命後，吳慶坻於十一月抵上海。一九一五年年底歸杭州定居。居上海時，他與馮煦、樊增祥、沈曾植、陳夔龍、梁鼎芬等組「超社」、「逸社」。以舒情志，一心只做遺老，不再參與政治。吳慶坻為晚清諸多遺老中的一員。他既非鄭孝胥等活躍於政治舞臺者，也非王國維等以身殉清者，更非如張勳等參與復辟者，當然也絕非樊增祥等投向新政權者。作為遺老，他以詩社替仕途，和詩明志。

吳慶坻還去訪尋「殉清」諸人之事蹟，輯成《辛亥殉難記》八卷。他善詩文，著有《補松廬文錄》八卷、《補松廬詩錄》六卷。而辛亥後所作之詩，另編成集，名為《悔餘生詩集》，蓋以未能

「殉清」而悔其餘生之故也。另著有清末史料筆記《蕉廊脞錄》八卷。還主持續修《浙江通志》和參與《杭州府志》的編纂。

《蕉廊脞錄》在吳慶坻生前尚未定稿，死後由其長子吳士鑑（絅齋）整理分類，由嘉業堂主人劉承幹（一八八二—一九六三）校閱並作序，於一九二八年將《蕉廊脞錄》補入《求恕齋叢書》刻刊問世。劉承幹作為近代著名藏書家，在畢生行事中最足述者，乃其於清末民初，憑藉雄厚財力，網羅江浙私家藏書，建造嘉業藏書樓，並延攬通儒宿學，整理校勘，刊刻《求恕齋叢書》、《嘉業堂叢書》、《留餘草堂叢書》等，並編纂《嘉業堂藏書目錄》、《嘉業堂藏書志》，於新舊文化轉型之時，為保存流播傳統典籍所作之貢獻。

劉承幹在《蕉廊脞錄》序中云：「錢唐吳仲雲制府，所著有《養吉齋叢錄》，凡朝章國故、民生利病，罔不考鏡得失，鉤索源流。文孫子脩丈，早歲入洛，研究掌故；中年足跡半天下；居鄉廿載，兩修志乘；洎登清要，益綱羅舊聞，與當世賢士大夫相周旋，抽潛掇幽，風世厲俗；晚歲表彰遺逸，慨然有黍離麥蘄之思。承幹追隨日久，心折尤深。甲子之春，丈捐館鄉里，公子絅齋侍讀手編遺稿，分類匯緝，為《蕉廊脞錄》八卷：曰國聞、曰里乘、曰忠義、曰經籍、曰金石、曰書畫、曰嘉言，而以雜記附焉。蓋與制府《叢錄》之作大體略同，而寄託微異也。承幹受而讀之，亟錄副墨，次諸叢刊。」

《蕉廊脞錄》的內容就如同劉承幹所言，分為國聞、里乘、忠義、經籍、金石、書畫、嘉言、雜記等八類，涉及清代政治鬥爭、典章制度、人物逸事、金石考證、書畫鑒別等等，其所記對研究清末政治、文化、風俗、民情頗有價值。其中有關「國聞」更是本書的重點，所佔的篇幅最多。如〈端肅遺事密札〉、〈勝保奏請太后親理大政摺〉、〈罷奕訢議政王〉、〈榮祿傾陷沈桂芬〉、〈李文田疏請起用奕訢〉、〈張之洞電駁更張官制〉等，作者或直接抄自上諭、奏摺，或轉錄時人之日記、信札者，可與正史相互對讀，是重要的參考資料。另外作者因曾先後主持續修《浙江通志》和參與《杭州府志》的編纂，因此對浙江之史事與人物極為熟稔，「里乘」一類，就保存相當多地方人物誌的史料。「忠義」一類則是對晚明及不仕清朝之人士，其高風亮節，多所表彰。至於「經籍」、「金石」、「書畫」等，大都是作者收藏或目睹過的，這也顯示其收藏之富及鑑賞之精。

總之，此書是作者對於清代政治、社會、文化、民俗、風情的「全觀察」，有其史料價值。原書為劉承幹「南林劉氏求恕齋」刊本，並無標點，亦無小標題，閱讀甚為不便。後來雖有出版社如藝文、文海、新興，然皆依劉承幹刊本影印出版，一如其舊。今則重新打字排版，並點校、分段及製作小標題，使其便於閱讀及查尋。其中亦參考北京中華書局張文其、劉德麟之點校本，在此致謝。

原序

昭代學術遠軼前禩，說者謂經、小學之盛步武漢、唐，而史學則遜於宋、明，故志有清藝文者，於乙部之雜史、丙部之雜家，可著錄者其難其慎。如阮氏《石渠隨筆》、法氏《槐廳載筆》、胡氏《西清箚記》、阮氏《茶餘客話》、姚氏《竹葉亭雜記》、戴氏《藤陰雜記》、梁氏《樞垣紀略》、王氏《石渠餘記》、唐氏《天咫偶聞》，先後作者，此為鉅子。

錢唐吳仲雲制府，所著有《養吉齋叢錄》，凡朝章國故、民生利病，罔不考鏡得失，鉤索源流。文孫子脩丈，早歲入洛，研究掌故；中年足跡半天下；居鄉廿載，兩修志乘；洎登清要，益網羅舊聞，與當世賢士大夫相周旋，抽潛掇幽，風世厲俗；晚歲表彰遺逸，慨然有黍離麥蕲之思。承幹追隨日久，心折尤深。甲子之春，丈捐館鄉里，公子絅齋侍讀手編遺稿，分類匯緝，為《蕉廊脞錄》八卷：曰國聞、曰里乘、曰忠義、曰經籍、曰金石、曰書畫、曰嘉言，而以雜記附焉。蓋與制府《叢錄》之作大體略同，而寄託微異也。承幹受而讀之，亟錄副墨，次諸叢刊。

竊以為紀事纂言，乃古者柱下之職，周、秦以還，如王史氏、青史氏具有專書。後世官司失職，私家撰述日益衰歇，欲如宋、明人之飫聞國政，博洽閎通，二百八十年中難可縷覼；若上溯六藝九流之源，則古義寖微矣。丈三世史官，緪百餘載，當茲禮崩樂墜之時，求野則獲，古不云乎，歷記前言往行、禍福存亡之道，非於君家得其貫縱，又將誰與歸乎！

戊辰孟冬吳興劉承幹序

目次

卷二

卷三

卷四

卷五

卷六

卷七

卷八

卷一

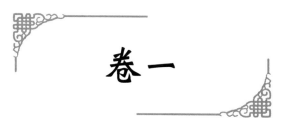

乾嘉優禮詞臣

乾隆、嘉慶兩朝，皆於甲子之歲，臨幸翰林院賜宴賦詩，頒賞文綺，實本朝優禮詞臣盛事。嘉慶甲子，吾鄉龔文恭實與賜宴之列，有詩紀事。詩注云：「其時，除現任翰詹及曾任編檢諸臣凡一百七十餘人外，儀親王、成親王、慶郡王、定親王特命與宴，兵部尚書長麟、曾任掌院學士太常寺卿趙秉衡、主事南書房行走黃鉞，俱一體與宴。」又云：「純廟臨幸後，閱六十年，無復舊臣，衹餘院中老隸，年已八十，曾睹盛儀。御座設後堂，南向，戲臺在敬一門外，開院署東西夾道為左右兩翼入宴進路，皆此隸所傳述也。又承應演十八學士登瀛洲故事，以東方朔為翰林前輩；乾隆九年尚有上官昭容選詩一齣。」此雖瑣事，亦當紀述，以志昔日之盛。

祭堂子典禮

我朝祀典，有祭堂子典禮，載在《會典》。所祀何神，不得其緣起；先大父《養古齋叢錄》，亦謂傳聞異辭。嘗聞之羅質庵郎中文彬云：「堂子在御河橋西，屋三楹，不甚閎敞，中無神位，無陳設。祭之日，無祭品，但有香爐一事，元旦皇上親詣行禮，焚香於爐而已。每歲十二月二十四日迎神於宮中，送入堂子，正月初二日送還，宮中亦但向空行禮，無神位也。四月八日佛浴之期，則於宮中迎銅佛至堂子，以香水浴之，浴畢復送還宮中。浴佛之事，則內派滿洲覺羅之妻室二人為之。十二月二十四日以後，則排日王、公、貝勒、貝子等皆入堂子掛紙錢。又每月朔望，皇上、皇后均有詣堂子拈香之禮，往往遣員，不親行禮也。」欽定《滿洲祀天祀神典禮》所載亦未詳。

雍和宮有塑成熊羆

雍和宮內左旁佛殿，有塑成熊羆各一，皆當日高宗純皇帝秋獮木蘭所得者，有牙牌二，各繫於其上，書云：「乾隆十九年八月二十日，上巡幸熱河，於額德口麋，射得熊一，重九百斤」；又「乾隆十九年八月二十一日，上巡幸熱河，於察爾射得羆一，重一千斤」。守者云：「當日肖形雕木為之，空腹中置其骨齒，其皮別以木篋盛之。」又佛龕兩旁陳設純廟當日御用槍一，所衣之甲亦謹藏一巨篋中。最後樓高三層，供七丈大佛，至第一層始見佛之頭面云。碑亭內有四面碑一，刻御製《喇嘛說》，滿洲字、蒙古字、漢字、梵字各一面。

九九消寒圖每字皆九畫

宣廟嘗作《九九消寒圖》，凡九字，每字皆九畫，曰「庭前垂柳珍重待春風」，懋勤殿雙鉤成幅，題「管城春滿」四字。南齋翰林按日填廓，細注陰晴風雪，皆以空白成字，工緻絕倫。每歲相沿，遂為故事。見祁文端《𝆹𝅥飢亭詩集》。

咸、同日講故事

咸豐初，湘鄉曾文正公官禮部侍郎，疏請復日講舊例，並擬日講章程，繪圖具說以進；特命禮部議奏。時執政鶴舫相國穆彰阿心非之，授意於大宗伯孫公瑞珍駁議以上。既而文宗仍命舉行。每月翰林院掌院學士進名單，上圈出十員，於每員下御筆注某月某日進講某書某節。屆期恭進講義，召見陳對，上從容聽之。行之期年，後以東南兵事日棘，宵旰憂勞，遂輟講。

同治初，廷臣亦請舉行日講故事，奉兩宮諭：「弘德殿行走徐桐、李鴻藻，每日講經史數事，毋庸另派進講人員。」弘德殿講書，及至毅廟親政猶未停止。十三年秋，方有重修圓明園之議，一日徐公桐進講《易・節卦》，至「節以制度，不傷財，不害民」，語頗切直，上有怒意。翌日，上諭東陵歸，聖躬不豫，比冬即有鼎湖之痛。

《治平寶鑒》

同治初元，兩宮簾聽，孜孜求治。恭讀壬戌三月十五日上諭：「前奉慈安皇太后、慈禧皇太后懿旨，命南書房、上書房、翰林等，將歷代帝王善政，及前史垂簾事蹟，擇其可為法戒者，據事直書，簡明注釋，彙冊進呈。茲據侍郎張之萬等，彙纂成書，繕寫呈進，法戒昭然，足資考鏡，著賜名《治平寶鑒》。禮部侍郎張之萬，太常寺卿許彭壽，光祿寺卿潘祖蔭，翰林院編修鮑源深，修撰章鋆，編修楊泗孫、李鴻藻、呂朝瑞、黃鈺，各賞給大卷緞一匹，大卷江綢一匹。欽此。」

當成書進呈時，潘文勤師草奏，略云：「默思聖道，上體慈懷，克基億載之承平，尤賴兩宮之訓迪。簡嫄並治，誠亙古而為昭，堯舜同居，實斯民所仰望。維日孜孜於祖訓，既祗對夫講筵；及時汲汲於治功，更取裁乎前史。顧溯羲軒以迄明代，數紀傳以及編年，充棟為繁，焚膏莫究。欲裨聖治，貴舉大綱。」又云：「竊思《尚書》斷自唐虞，而專史則起於漢世，范紀並尊帝后，而垂簾則著於宋廷。撮舉政治之興衰，兼列宮闈之事蹟，存史官之美刺，按時代之後先，謹系箋詞，贅參論案。」

謹按：此垂簾以後勵精圖治、以古為鑒之盛軌，所以成中興之業者，非偶然也。

徐桐異數

同治四年二月初四日，兩宮皇太后懿旨，命翰林院檢討徐桐在弘德殿行走，授皇帝讀；三月二十二日，命翰林院檢討徐桐為翰林院侍講，異數也。後來入直者，皆以官秩較崇者任之。

彗星占驗

咸豐戊午彗星見，欽天監按占驗書奏陳，中有云：「光掃貫索，宰相當之。」又云：「貴戚大臣有誅僇者。」又有云：「羽林衛士徙散。」又云：「大風損物。」其年，大學士柏葰，以順天鄉試主考關節，伏法；越三年辛酉，乘輿出獮木蘭，怡親王載垣、鄭親王端華、大學士肅順，皆以罪誅；廣東、香港颶風，壞民居數千家，皆其驗也。族伯父筠軒觀察方直軍機處，見此奏。

咸豐宮園怪異

筠翁又云：咸豐四五年間，宮中屢見黑眚；圓明園殿脊上，每夕有惡鳥噭聲，文宗親命侍衛以鳥槍擊之，不可得。

六曜並會

咸豐辛酉八月丁巳朔卯刻，日月合璧，五星聯珠。天文家言，六曜均會於張，金星在軫。張是為今上命宮，而六曜並會，休徵符合，論者皆頌禱中興。不數年而金陵克復，髮、撚以次蕩平矣。

同治二年日暈

同治二年正月十八日辰刻，日暈，黃綠色，帶青白色，有抱珥紅色。二月二十七日，日冠抱珥，一時方散。見朱大理《學勤日記》。

同治武英殿火災

同治己巳六月二十日，武英殿災，自亥刻起至次日辰刻止，延燒他屋至三十餘間，所藏書悉燼焉。至午刻而軍機處收各衙門交開救火職名單者，絡繹不絕，有識者為之寒心。亦見朱大理日記。

光緒天壇祈年殿災

光緒十五年八月二十四日申刻，天壇祈年殿災，延燒齋宮凡七十餘間，聞雷震而火作，旋大雨，火益甚，自申至寅始滅。奉上諭：「本月二十四日雷雨交作，天壇祈年殿雷火延燒，經官兵等救護撲滅。本日據太常寺、步軍統領衙門各奏火起，情形相同。太常寺奉祀劉世印，職司典守，疏於防範，實屬咎無可辭，著交部議處。太常寺堂官，一併交部議處。壇戶孫榮德等，均交順天府嚴刑審訊，有無別項情弊，按律定擬具奏。五城水會紳董等，救護出力，著該巡城御史傳旨嘉獎。火災示警，朕心寅畏實深，惟有益加兢惕，宵旰孜孜，勵精圖治；爾內外大小臣工，其各靖共自矢，精白乃心，力戒因循，修明職業，用副君臣交儆之意。」

康乾普免錢糧

康熙五十年，普免天下錢糧二千七百八十五萬四千一百六十九兩。乾隆十年，普免天下錢糧二千七百九十四萬四百兩；三十年同四十二年，二千七百五十九萬兩有奇；五十五年，二千七百七十餘萬兩；六十年，二千七百六十四萬一千九百餘兩。

海望老成謀國

高宗朝，海望為戶部尚書，上屢問戶部存儲之數，海不對。上促之，海奏曰：「皇上不以臣為不肖，使掌邦計盈虛之數，臣當主之，不煩聖慮也。」蓋是時高宗富於春秋，海恐知府庫有羸，偶萌侈心，故不以告；其後高宗思之，見於諭旨。想見老成謀國，用意深遠。見朱大理《學勤文集》。

光緒十九年歲入

光緒十九年奉懿旨，飭戶部將常年入款核計若干。計各省關每歲徵洋稅銀一千五百餘萬兩，各省地丁每歲銀一千餘萬兩，各省鹽課等計銀一千二百餘萬兩，各省常關稅課銀三百餘萬兩，各省釐金計銀一千三百餘萬兩，各省茶稅、當稅、鹽商捐輸計銀三百五十餘萬兩，各省雜稅銀一千五百餘萬兩，裁撤長夫等項計銀五十三萬餘兩，加以洋藥釐稅並徵每歲約銀七百餘萬兩，共八千數百萬兩，已繕具清單，由司農入告矣。

光緒十五年浙省編查戶口

各省州縣編查戶口，例應年終具奏。光緒十五年，浙江省滋生民數統計男女大小一千一百七十五萬四千四百六十六丁口，見浙江巡撫崧駿奏報。吾浙兩遭寇亂，人民凋瘵。休養生息逾二十年，漸見繁盛，而杭、湖二府客籍居十之三。是年秋九月，霪雨為災，遍及十郡，杭、嘉、湖尤甚。疆吏循例奏報，所據者編查保甲時挨戶冊子，其確實與否未可知，蓋遵循舊章而已。

旌表貞節婦女

光緒十六年正月，浙江巡撫崧駿奏請將續訪杭州府屬未得請旌之貞孝節烈婦女畢邵氏等共二千一十六口照例旌表。疏略云：「據在籍紳士前兵部侍郎朱智等呈稱：『浙江省《杭州府誌》，自乾隆四十七年修輯後，迄今七十餘載，復罹兵燹，文獻無徵，光緒六年開局重修，搜羅採訪，隨時纂輯，辛巳編成。惟查有貞孝節烈婦女一門，尚須補請褒揚，方足表章潛德。前於光緒十年三月，曾將採訪貞孝節烈婦女李韓氏等三千四百五口，呈請前撫臣劉秉璋具奏。五月初四日奉旨：李韓氏等，均著准其旌表，禮部知道。欽此欽遵。行知纂入志乘。截至光緒十四年十二月止，續又採訪得未經請旌之貞孝節烈婦女畢邵氏等共二千一十六口，其中或屢遭寇難，子孫大半無人；或僻在鄉隅，親友莫為舉報，姓氏僅存於家乘，事蹟只見諸遺編。查例載：節烈婦女，其實係厄窮堪憫，或因世遠年湮未經呈報，向有府縣志蹟可憑者，准其補請旌表等語。今紳等採訪畢邵氏等，事關閤郡志載，歷時百十年之久，數至千百名之多，尤宜闡發幽光，昭垂簡冊，則前之李韓氏等已沐恩綸，該畢邵氏等事同一律，未便任其終湮，造具冊結，呈請專案具奏』等情。由杭州府核明加結，具詳前來。奴才查該貞孝節烈婦女畢邵氏等，或侍奉高堂克兼子職，或撫存弱息得續宗祧，或未婚而堅不字之貞，或捐軀而矢靡他之志，均屬厄窮堪憫，孝義兼全。合無仰懇天恩，俯准飭部照例補行旌表，以闡幽光而維風化。伏乞皇上聖鑒訓示。」奉朱批：「著照所請，禮部知道。欽此。」

按：前數年禮部議准御史劉恩溥條陳，凡尋常旌表婦女，仍照例彙題，不得率行具奏。志局採訪二千一十六口，前中丞盧格於部章，未及入告；至是始得專疏請旌，上邀俞允，蓋朝廷激厲風教，故特允疆臣之請也。採訪之事，餘杭孫和叔孝廉樹禮獨任之。

光緒十六年京津久雨成災

光緒十六年六月初五日，上以京師久雨，禾稼受傷，親詣大高殿拈香祈晴。時應宮、昭顯廟、宣仁廟、凝和廟，均派貝勒載濂、載漪，貝子奕謨，輔國公載澤，同日分詣拈香。十一日，再詣大高殿及宣仁廟拈香。六月初八日諭：「步軍統領衙門奏，京城內外因雨後倒塌房屋、傷斃人口大概情形。所有現經查報之左右翼長及中營等處，傷斃之十六名口，著該衙門酌給賞恤。此外如有續行查出者，即照此次賞恤，一律奏明辦理。」

十三日諭：「前因京師雨水過多，居民禾稼受傷，迭經諭令順天府府尹等查明各屬被水情形，迅速具奏。茲據潘祖蔭等奏稱：『近畿一帶東西南三隅，被災最鉅。現據宛平、固安、良鄉、房山、通州、順義等州縣，及南路廳同知查報，所屬地方，或田廬漂沒，或全村被淹，傷斃人口甚多，業經分派委員，廣延紳士，設法賑濟，並擬添設粥廠，請撥銀米』等語。小民猝遭水患，蕩析離居，覽奏殊深憫惻，著照所請。先在六門外酌添粥廠，並於孫河、定福莊、采育鎮、黃村、龐各莊、盧溝橋六處，一律添設，加恩賞給京倉米一萬五千石，即行分領煮散，以資急賑。著派誌顏、李端遇、胡聘之、胡隆洵、景澧、徐承煜，分往孫河等六處稽查彈壓，妥為監放。其各鎮開廠所需經費銀二千兩，著戶部照數撥給。朕欽奉慈禧端佑康頤昭豫莊誠壽恭欽獻皇太后懿旨：『畿輔水災甚重，深宮軫念彌殷，著發去宮中節省內帑銀五萬兩，作為賑撫之需。即著潘祖蔭等，遴派妥員分投散放，以拯災黎。欽此。』該府尹等務當仰體聖懷，認真辦理，俾慈恩遍及窮簷，勿任吏胥侵克滋弊。其密雲、懷來及未經呈報之各州縣，並著迅即查勘覆奏。另片奏：『東安、武清等處已派員攜銀前往辦賑，右安、永定門外借用通惠河運米船隻，並紮筏濟渡』等語。即著督飭各員切實經理，勿令災民失所。餘著照所議辦理。該部知道。」胡隆洵旋因病出缺，改派李鴻逵前往。

六月十九日諭：「前因天津等處被水成災，業准李鴻章所請，撥銀六萬兩，先就被水極重之區辦理急撫。惟念此次雨水過多，災區過廣，饑民嗷嗷待哺，為日方長，尚恐不敷散放，加恩著將奉天運京粟米一萬二千七百餘石，並於本年江北河運漕米內截留三萬六千石，撥給備賑。其隨漕輕齎等項銀兩，並著查照成案，核解直隸，作為津貼運米之需。李鴻章務當遴委妥員，分別被災輕重，核實散放，不准吏胥稍有弊混，用副朝廷軫念災區有加無已至意。」

祿米倉虧短案

光緒十六年祿米倉虧短之案，欽派大臣盤查，查出實在虧短米十五萬五千五百三十五石七斗六升六合。花戶郭啟泰已獲，張增祿、王得海、馬德山，倉書陶斌、何桂林，嚴拏交刑部；倉監督容恩、孟守箴，革職；倉場侍郎興廉、游百川，革職留任。十七年御史洪良品復疏陳倉場積弊太深，請飭嚴究。尋有旨，興廉、游百川均革職。

張之萬被參劾案

十月初七日上諭：「詹事府右庶子崇文片奏參劾大學士張之萬接納外官各節，當派福錕、潘祖蔭查奏。茲據查明復奏：『該大學士接見外官，或因面詢公務，或係素有交往，不得指為結納營私。北河灘廟宇，外官來京者往往寓居，非自今始，不得因與張之萬寓所相近，遂指為夤緣奔競。該大學士住居湫隘，並無另設執客堂專談機密之事。至所參僧人靜洲最為親密，傳訊該僧，據稱與張之萬同鄉認識，素有往來，並未干預別事』各等語。朝廷用人行政，一秉大公，從不稍持偏見。張之萬老成穩練，朝廷素所深知。惟此次若不將參款確查虛實，轉無以得是非之真。現經福錕等逐一查明，均無實據，所參各節即著毋庸置議。前因臣工挾私參劾，疊經明降諭旨申誡再三，以杜攻訐之漸。該庶子豈無聞知？乃輒以無據之詞誣謗大臣，復敢附會災祥，希圖聳聽；至另摺附片，所陳天文時務各節，諸多謬妄，若不加以懲處，無以為逞臆亂言者戒。崇文著交部議處，原摺片均著擲還。張之萬宣力有年，受恩深重，不得因被人奏參，遇事引嫌卻避，惟當小心謹慎，益加奮勉，力圖報稱，用副朝廷委任至意。」

神機營漸懈弛

神機營之設，始於咸豐初年，以僧親王領之。至同治初，醇親王管理，規模益大，舊設健銳、火器諸營，悉並隸焉。其後講求海防，購備外洋火器。光緒初年，北洋大臣進克虜伯炮，於是推廣購備新式槍炮，命各營演習。設立槍炮廠，專派司員經理。分捷、勝、精、銳、健、利六營，總名曰威遠六營。步隊每營八十人，而別設馬隊輔之。又有八漢炮隊者，挑八旗漢軍為之也。中營炮隊者，則王自領之親兵也。比年以來，聞演練精良，頗有材武之選；廠中司員，並有能通泰西語言文字者。庚寅，醇邸薨逝，漸懈弛矣。

何璟辭讓兼管閩海榷稅

光緒四年，翰林院侍講張佩綸奏請閩海關榷稅改歸總督經理。時香山何小宋丈璟方督閩浙，疏陳體察情形未便更張，略言：「閩海關監督始於康熙二十三年，其時僅將南臺、廈門兩處口岸報部。雍正七年，始將南臺等二十處口岸報部。其初，或由巡撫兼管，或由監督專管，本無一定。乾隆元年，歸福建總督管理。三年，總督兼轄閩浙，始以關務改歸將軍。七年，由督撫臣題定徵稅口岸共十九處。列聖於此幾經詳慎比較，而後垂為定制，率由罔愆。督臣任兼兩省，案牘紛繁，加以臺防緊要，既不能躬親瑣務，仍須掄委平時可信之員前往勾稽，與派協佐領等官，亦復何異。若派大員分駐總口，誠恐收數未增，耗費轉鉅。倘章程不能畫一，稽查偶有未周；或初年竭澤而漁，而來歲難乎為繼；或一時損下益上，而日久百弊叢生。喜事紛更，效略可睹，更而滋擾，抑又何裨？」疏上，遂不果行。海關監督，人人視為利藪，何公生平清介自矢，讓而弗居，立言尤得體要。余在史館見此疏，因亟錄於此。

《端肅遺事密札》

曩見朱子涵家藏書札一冊，簽署「端肅遺事密札」，書凡十一通，中多廋辭，蓋樞垣章京某寄脩伯大理者。茲摘錄其有關係者：

千里草上書，初十日未下。此處叫人上去要，仍留看。夸蘭達下來說：「西邊留閱。」心臺冷笑一聲。十一日叫見面，說寫旨；下來叫寫明發痛駁。夫差擬稿尚平和；麻翁另作，有「是誠何心，尤不可行」等句，原底無之，諸君大讚，遂繕真遞上。良久未發下，並原件亦留中。再叫起，耳君怒形於色，上去見面，約二刻許下來，仍未發下，云留著明日再說。十二日上去，未叫起。發下早事等件，心臺不開視，云：「不定是誰來看。」日將中，上不得已，將摺及擬旨發下照鈔，始照常辦事，言笑如初。二四者，可謂混蛋矣。夫今日之事，必不得已，仍是垂簾，可以遠禍，可以求安；必欲獨攬其權，是誠何心！

又一通云：

召見時，諸人等皆大爭，老杜尤肆言無忌，有「若聽信人言，臣不能奉命」語。太后怒甚，至手戰不已。迨次日發下，則笑聲徹遠近矣。

又一通云：

恭邸八月初一日至熱河，值般奠，叩謁梓宮，伏地大慟，聲徹殿陛，聞者無不下淚。祭畢，太后召見。恭邸請與內廷偕見，不許，遂獨對，一時許方出。宮燈輩頗有懼心，見恭未嘗不肅然改容，連日頗為斂戢。

又云：

自十七以後，八位見面不過二三次，時亦甚暫。今則見面一時許，足見自有主宰。

又一通云：

克帥密雲馬遞一報，不知何事，未發下。十三日克到，叩謁梓宮，未叫起，亦不請見，恐致疑也。十四晚到此，夜往深談，言伊等罪狀未著，似未可鬻拳兵諫，致蹈惡名。某以八人者頗畏其虛聲，勸其持重，留虎豹在山，且勿驚他，恐伊等欲削其權，隨後事更難辦也。

又云：

元聖在此，當為盡心區畫，隨時保護。如仗廟社之靈，得有轉關，當勉為元祐正人。此間先患內；外患二，今釋其一。但連日再面，必遭奇妒。弟與竹翁言，能將斧柯收回為上策，否則早回為宜。

又一通云：

十六日午後暈厥，囑內中緩散，至晚甦轉，始定大計。子初三刻見時，傳諭清楚。王大臣請丹毫，諭以不能執筆，著寫來述旨，故有承寫字樣。

此蓋述文宗疾大漸時事。凡應用硃筆者，以印代之，母后用「御賞」印，上用「同道堂」印。二印，大行皇帝所賜也。

此冊今為張菊生元濟所得。

不准垂簾聽政諭

咸豐十一年內閣奉上諭：「御史董元醇奏敬陳管見一摺，據稱皇太后權理朝政，應請明降諭旨，並贊襄政務王大臣外，再簡派親王一二人同心輔弼，及請擇師傅以培德業，嚴飭督撫將帥以資整頓等語。我朝聖聖相承，向無皇太后垂簾聽政之禮。朕以沖齡仰受皇考大行皇帝付託之重，御極之初，何敢更易祖宗舊制。且皇考特派怡親王載垣等贊襄政務，一切事件應行降旨者，經該王大臣等繕擬進呈，必經朕鈐用圖章，始行頒發，係屬中外咸知。其臣工章奏應行批答者，亦必擬旨呈覽，再行發還。該御史奏請皇太后暫時權理朝政，其屬非是。又據請於親王中簡派一二人，聽其輔弼一切事務。伏念皇考於七月十六日子刻特召載垣等八人，令其盡心輔弼。朕仰體聖心自有深意，又何敢顯違遺訓，輕議增添。該王大臣等受皇考顧命，輔弼朕躬，如有蒙蔽專擅之弊，在廷諸臣無難指實參奏，朕亦必重治其罪。該御史必欲於親王中另行簡派，是誠何心，所奏尤不可行。以上兩端，關係甚重，非臣下所得妄議。至朝夕納誨一節，皇考業經派編修李鴻藻充朕師傅，該御史請於大臣中擇一二人俾充師傅之處，亦毋庸議。其各直省督撫及各路統兵大臣，業經朕明降諭旨，令其共矢公忠，嚴申軍律，諒內外文武臣工必能不負委任，以仰副皇考在天之靈，應無俟朕諄諄訓誡也。欽此。」

勝保奏請太后親理大政摺

董御史條奏請兩宮垂簾聽政，端、肅諸人擬旨駁斥。時勝保以欽差大臣兵部右侍郎統兵畿輔，獨抗章論之。余在秦中讀此疏，備錄之：

奏為政柄下移無以服眾，應請皇太后親理大政並另簡近支親王輔政，以正國體而順人心，恭摺仰祈聖鑒事。

竊惟朝廷政柄操之自上，非臣下所得而專。我朝君臣之分極嚴，尤非前朝可比。自文宗顯皇帝龍馭上升，皇上嗣位，聰明天亶，尚在沖齡，全在輔政得人，同民好惡，方足以資佐理。如怡親王載垣、鄭親王端華等，非不宣力有年；然而赫赫師尹，民具爾瞻，今竟以之當秉政巨任，攬君國大權，以臣僕而代綸音，挾至尊以令天下，實無以副寄託之重，而饜四海之心。在該王等，不過以承寫硃諭為詞，居之不疑，不知我皇上以宗子纘承大統，天與人歸，原不必以硃諭之有無為定。

至贊襄政務一節，則當以親親尊賢為斷，不得專以承寫為憑。何也？先皇帝彌留之際，近支親王多不在側，仰窺顧命苦衷，所以未留親筆硃諭者，未必非以輔政難得其人，以待我皇上自擇而任之，以成未竟之志也。今嗣聖既未親政，皇太后又不臨朝，是政柄盡付之該王等數人，而出擬諭旨，又非盡出自宸衷。其託諸製簽簡放，請鈐用符信圖章，在該王等原欲以此取信於人，無如人皆不能相信。民嵒可畏，天下難欺，縱可勉強一時，安能行諸日久？近如御史董元醇條奏四事，極有關係，應准應駁，惟當斷自聖裁，廣集廷議，以定行止。該王等果知以國事為重，亦當推賢虛己，免蹈危疑；乃竟行擬旨駁斥，已開矯竊之端，大失臣民之望。命下之日，中外譁然。自古天無二日，民無二王，禮樂征伐自天子出。凡統兵將帥暨各省疆臣，皆受先皇帝特簡，雖當勢處萬難，無不思極力圖報者，亦皆統於所尊，故皆一誠不貳。今一旦政柄下移，群疑莫釋，道路之人見詔旨皆曰：「此非吾君之言也，此非母后聖母之意也。」一切發號施令，真偽難分，眾情洶洶，咸懷不服，不獨天下人心日形解體，且恐外國聞知，亦覺於理不順，又將從而生心，所關甚大。

夫天下者，宣宗成皇帝之天下，傳之文宗顯皇帝，以付之我皇上踐祚者也。昔周之世，武王崩，成王立，周公相之；本朝攝政王之輔世祖，亦猶周公之相成王，疏不間親，典策具在。以周公之元聖，尚不免管蔡流言，逮風雷示警於金縢，而忠悃益見。現在近支諸王中，能持大體邁於載垣、端華者，尚不乏人。且離間之言，應請毋庸過慮。

又如垂簾聽政之制，宋宣仁太后稱為女中堯舜，群情歡洽，國本無傷。我文皇后當開國初年，雖無垂簾明文，而有聽政實用。因時制宜，惟期允當不易。

為今之計，非皇太后親理萬幾，召對群臣，無以通下情而正國體；非另簡近支親王佐理庶務，盡心匡弼，不足以振綱紀而順人心。惟有籲懇皇上俯納芻蕘，即奉皇太后權宜聽政，二聖並崇，而於近支親王中擇賢而任，仍秉命而行，以待我皇上親政以前，一切用人行政大端，不致變更紊亂，以承郅治於無窮。宗社幸甚！臣民幸甚！如此，庶於親親尊賢之大經既不相悖，且於該王等亦可保全終始，受福良多。此皆中外臣工所欲言而未發者，奴才先為言之。

奴才忝為大臣，受國厚恩，屢奉先皇帝手詔嘉勉，云「朕所望於該大臣者至大至遠」，又奉有「忠勇性成，赤心報國」等諭。每誦天語，感激涕零。今外患固宜亟平，而內憂尤當早慮。奴才天良所迫，何忍不言！何敢不言！伏願皇上乾綱獨斷，迅賜施行。並請將此摺發交惠親王、惇親王、恭親王、醇郡王公同閱看，如有尚未盡善之處，應令大學士、九卿、科道集議以聞，庶大局可全而人心可定。謹不揣冒昧，披瀝上陳，無任激切待命之至。

銷除載垣等所擬諭旨

咸豐十一年十一月十九日，內閣奉上諭：

御史鍾佩賢、給事中孫楫奏請將載垣等造作之諭旨銷除各摺片，載垣等假傳諭旨，造作贊襄政務名目，並於御史董元醇條奏一摺擬旨時擅自改寫各情形，業經疊次降旨明白宣示矣。茲據該給事中等奏，載垣等造作擅改之件，不應載之實錄，儼同顧命，亦不應登之冊籍，假託綸音，擬請降旨銷除，以期信今傳後等語。朕奉母后皇太后、聖母皇太后懿旨：「所奏不為無見。」載垣等種種悖逆欺矇之罪，中外臣民皆已備悉，所有造作贊襄政務諭旨，確係矯傳，自不應纂入實錄中，惟遽將其銷毀，又恐無以示將來而徵罪案。

至董元醇所奏一摺，當日發交載垣等擬旨，原令其將所請垂簾暫理朝政，飭令廷臣會議；其請於親王中簡派一二人輔弼，開具空名諭旨，祇候簡派；並於大臣中擇其可充師傅之任者，公同保舉。乃載垣奏對時即已嘵嘵置辯；乃擬諭旨，遂敢陽奉陰違，擅自改寫，一切駁斥；迨述旨時，未即允照所擬宣發，而載垣等膽敢於次日發交摺件壓擱不辦，竟將所擬諭旨堅請發下，又以未用御印，不足為憑，再行瀆請。斯時駐蹕木蘭，遠距京師，未能即日回鑾，若不暫允所請，載垣等跋扈情形，其勢將有不可問者，是以隱忍姑從，將所擅擬諭旨鈐蓋御印，實出於不得已。言念及此，能無痛恨！

所有載垣等矯傳贊襄名目，及擅擬駁斥董元醇諭旨，著即銷除。惟此案係王、大臣、大學士、六部、九卿等，於內閣會同刑部議定罪名，伊等造作之諭旨二道，即著內閣、刑部隨同本案檔冊錄存，以著信讞，並著軍機處即隨此次諭旨照錄一分存檔，另錄一分交南書房收存，均著低二格寫，以示區別，庶使奸邪逆蹤不得溷載方策，以重綸音而昭炯戒。欽此。

罷奕訢議政王

同治四年春三月，講官編修蔡壽祺疏劾議政王攬權納賄。議政王欲逮問壽祺。兩宮震怒，初五日召見大學士周祖培、瑞常，吏部尚書朱鳳標，戶部侍郎吳廷棟，刑部侍郎王發桂，內閣學士桑春榮、殷兆鏞，諭以王植黨擅政，漸不能堪，欲重治王罪。諸臣莫敢對。太后屢諭諸臣，當念先帝，毋畏王，王罪不可逭，宜速議。祖培頓首言：「此惟兩宮乾斷，非臣等所敢知。」太后曰：「若然，何用汝曹為？異日皇帝長成，汝等獨無咎乎？」祖培奏言：「此事須有實據，容臣等退後詳察以聞。」且言請與倭仁公同查明具奏。太后始命退。

初六日，倭仁等八人會議於內閣，召蔡壽祺質證其事，蔡惟指出薛煥、劉蓉二人，餘不能指實。

初七日，諸大臣覆奏上。太后出硃諭示諸臣，且諭曰：「詔旨多有別字及詞句不通者，汝等為潤飾之。」祖培奏請添「恭親王議政之初，尚屬勤慎」二語，太后又諭曰：「此旨即下內閣速行之，不必由軍機。」遂下詔，略云：「本月初五日據蔡壽祺奏恭親王事，查辦雖無實據，自出有因。恭親王議政之初，尚屬勤慎。迨後妄自尊大，諸多狂傲，倚仗爵高權重，目無君上，視朕沖齡，諸多挾制，往往暗使離間，不可細問。每日召見，趾高氣揚，言語之間，諸多取巧妄陳。凡此重大情形，姑免深究。恭親王著毋庸在軍機處議政，革去一切差使，不准干預公事，以示朕曲為保全之意。以後召見引見等項，著派惇親王、醇親王、鍾郡王、孚郡王四人輪流帶領。特諭。」倭仁等受詔出，始召見樞臣文祥等三人。

初八日，惇親王上疏言：「恭親王事屬曖昧，徒以語言小失，驟予罪懲，情狀未明，無以昭示天下。」皇太后遂諭孚郡王及樞臣文祥等，傳諭王公、大學士、九卿、翰詹、科道，明日於內閣會議，以惇親王疏及蔡壽祺原疏並發閱視，且令文祥等述所受旨。是日詔奉兩宮皇太后懿旨，宣示恭親王過失，斥退軍機處議政，盡奪一切差使。

初九日，兩宮召見大學士倭仁、周祖培、瑞常、朱鳳標，尚書萬青藜，侍郎基溥、吳廷棟、王發桂、殷兆鏞，及軍機大臣等。太后諭倭公等九人曰：「恭王恣肆已甚，必不可復用。」又曰：「即如載齡，人才豈任尚書者，而王必予之。」又曰：「惇王今為疏爭，前年在熱河言恭王欲反者非惇王耶？汝曹為我平決之。」諭軍機大臣等則曰：「若等固謂國家非王不治，但與外廷共議之，合疏請復任王，我聽許可也。」諸臣至內閣各述所受旨，則大異。是日押班者為鍾郡王，乃各引王為證。王言固皆聞之，諸公相顧色然，不成議而退。

十四日，醇郡王及降調通政使王拯、御史孫翼謀皆上疏為恭邸陳請。詔以各奏摺命王公、大學士、九卿、翰詹、科道，彙同前日惇親王摺一併議奏。

十六日詔曰：「朕奉慈安皇太后、慈禧皇太后懿旨：『前據惇親王、醇郡王、降調通政使王拯、御史孫翼謀，先後陳奏，恭親王雖經獲咎，尚可錄用，當交王公、大學士、九卿、翰詹、科道會同詳議具奏。茲據禮親王世鐸等、大學士倭仁等會議覆奏，並據內閣學士殷兆鏞、都察院左副都御史潘祖蔭、內閣侍讀學士王維珍、給事中廉誠及各科道等聯銜各摺，均以恭親王咎由自取，惟係懿親重臣，應否任用予以自新，候旨定奪等語。所見大略相同。惟給事中廉誠等摺內，所稱『廟堂之上先啟猜嫌，根本之間未能和協，駭中外之觀聽，增宵旰之憂勞』等語，持論固屬正大，而於朝廷辦理此事苦心，究未領會。雖前日面諭軍機大臣等，隨同孚郡王赴內閣傳諭諸臣，而科道仍有此語，實有不能不再行宣示者：恭親王誼屬懿親，職兼輔弼，在親王中倚任最隆，恩眷最渥，特因其信任親戚，不能破除情面，平時於內廷召對多有不檢之處，朝廷杜漸防微，若復隱忍含容，恐因小節之不慎，致誤軍國之重事，所關實非淺鮮。且歷觀史冊所載，往往親貴重臣有因遇事優容，不加責備，卒至驕盈矜誇，鮮克有終者，可為前鑒。日前將恭親王過失嚴旨宣示，原冀其經此懲儆之後，自必痛自斂抑，不至再蹈愆尤。此正小懲大誡，曲為保全之意。如果稍有猜嫌，則惇親王等摺均可留中，又何必交廷臣會議耶？茲覽王公、大學士等所奏，僉以恭親王咎雖自取，尚可錄用，與朝廷之意正相吻合。現既明白宣示，恭親王著即加恩仍在內廷行走，並仍管理總理各國事務衙門，此後惟當益矢慎勤，力圖報稱，用副訓誨成全至意。至在廷臣工，均為國家倚任，惟當同矢忠赤，共濟時艱，毋得因此稍存疑慮，畏難苟安，致蹈因循積習。將此宣諭在廷臣工知之。」

李越縵先生日記載此事頗詳，余嘗借觀節錄之。蓋是時先生方主文勤家授其子讀也。

棉地毯，辦差者即以棉衣之棉為之。軍餉解到，先以開支私用，月需二十萬。所至，雞鴨海菜綢緞諸物，皆預儲攜帶，以聽供求索。蔣壩坐船內有女子二，有待我五年之約。營中頑童極多，大都皆賊中生擒之小長髮也。此袁篤甫在皖親見之者，宜乎其敗也。見朱大理筆記。

光緒初奕譞之自處

光緒初元，醇親王上懇賜矜全一疏，奉皇太后懿旨：「前據醇親王奏，舊疾復發，懇賜矜全，當諭令王公、大臣、大學士、六部、九卿妥議具奏。茲據奏稱：『該王因傷痛過甚，觸發舊疾，哀懇出於至誠，自不得不量為體恤，擬請將該王所管各項差使均予開除。惟每年東陵、西陵應行致祭時，仍請飭宗人府酌開該王銜，諮行太常寺擬定于向章改遣行禮之處，題請遵行，每月朔望及元旦各節，及列聖列后忌辰誕辰，應詣奉先殿行禮，恭懸恭收聖容，應詣壽皇殿行禮，並大殿拜表，仍照向例輪流行禮。嗣後恭遇皇帝升殿，及皇帝萬壽，均擬請毋庸隨班行禮。如遇朝廷大政，仍宜時備顧問。倘有條奏事件，亦可於兩宮前呈遞。』等語。均著照所請行。至每年七月十月萬壽及元旦令節，皇帝行禮時，毋庸隨班慶賀，均著詣壽康宮行禮。該王公忠體國，懋著賢勞，自應量予恩施，著以親王世襲罔替，用示優異。另片奏菩陀峪工程重大，請仍飭該王照料等語。即著該王隨時前往妥為照料。該王所管神機營，本日已降旨改派伯彥訥謨祜、景壽管理，惟該王辦理多年，經武整軍，著有成效，深堪嘉尚，仍著將應辦一切事宜，隨時與伯彥訥謨祜等悉心會商，妥議籌辦，以昭慎重。欽此。」

光緒五年六月二十三日奉懿旨：「醇親王奕譞奏懇裁撤差使家居養疾一摺，醇親王奕譞舊疾未痊，即著安心調理，所有神機營一切事宜，著毋庸會同商辦，以示體恤。一俟病體稍愈，即行具摺請安。欽此。」

慈禧諭皇帝親政

光緒十二年六月初十日，欽奉慈禧端佑康頤昭豫莊誠皇太后懿旨：

前因皇帝沖齡踐祚，一切用人行政，王大臣等不能無所稟承，允准廷臣之請，垂簾聽政，並諭俟皇帝典學有成，即行親政。十餘年來，皇帝孜孜念典，德業日新。近來披閱章奏，論斷古今，亦能剖決是非，權衡允當。本日召見醇親王奕譞及軍機大臣禮親王世鐸等，諭以自本年冬至大祀圜丘為始，皇帝親詣行禮，並著欽天監選擇吉期，於明年舉行親政典禮。皇帝聞諭後，當即長跪懇辭。醇親王及軍機大臣，亦以時事多艱，萬幾巨繁，皇帝日就月將，學無止境，如蒙從緩，將來躬親庶務，必更能貫徹無遺，益臻上理，實為天下臣民之幸，再三籲懇，情詞亦出至誠。惟念垂簾之舉，本屬一時權宜，皇帝繼統御極，仰承穆宗毅皇帝付託之重，當此典學有成，正宜與內外臣工勤求治理，宏濟艱難，自應欽遵同治十三年十二月初七日懿旨，即行親政，以慰深宮期望之意。壇廟大祀，均應親詣行禮，以昭誠敬。即於本年冬至大祀圜丘為始，躬親致祭，並著欽天監於明年正月內選擇吉期，舉行親政典禮。所有應行事宜，及應復舊制之處，著各該衙門敬謹查照成案，奏明辦理。將此通諭中外知之。欽此。

光緒十二年六月十五日，欽奉慈禧端佑康頤昭豫莊誠皇太后懿旨：

醇親王奕譞奏籲請體念時艱俯允訓政，禮親王世鐸等奏合詞籲懇訓政數年，伯彥訥謨祜等奏籲請從緩歸政以懋聖學，各一摺，覽奏均悉。垂簾之舉，出於萬不得已，十餘年來深宮訓導，欣見皇帝典學有成，特命於明年正月內舉行親政典禮，審慎宣綸，權衡至當，不容再有游移。天下之事至繁至賾，皇帝親政之始，容有未及周知，全在各大臣共矢公忠，盡心輔助。內而樞臣，外而疆吏，均係股肱心膂之臣，弼此丕基，責無旁貸，其各殫竭血誠，力圖振作，於應辦事宜，任勞任怨，毋得稍涉因循推諉，致負委任。皇帝幾餘念典，本無止境，一切經史之功，翻譯之事，尤在毓慶宮行走諸臣朝夕講求，不憚煩勞，俾臻至善。總之，帝德王道，互相表裡，皇帝親政後，正可以平日所學見諸措施，用慰天下臣民之望，當亦爾諸臣所至願也。該王大臣等所請訓政數年及暫緩歸政之處，均毋庸議。

至醇親王摺內所稱宮廷政治內外並重，歸政後當永照現在規制，凡宮內一切事宜先請懿旨，再於皇帝前奏聞，俾皇帝專心大政等語。念自皇帝沖齡嗣統，撫育教誨深宮十餘年如一日，即親政後亦必隨時調護，遇事提撕，此責不容卸，此念亦不容釋，即著照所請行。

本日欽天監奏遵旨選擇吉期一摺，皇帝親政典禮，於明年正月十五日舉行。所有應行事宜，著各該衙門敬謹預備。欽此。

光緒十二年六月十八日，欽奉慈禧端佑康頤昭豫莊誠皇太后懿旨：

醇親王奕譞奏重申愚悃籲請勉允訓政，禮親王世鐸等奏再行瀝誠籲懇訓政數年，錫珍等奏揆時度勢親政尚宜稍緩，貴賢奏舉行親政關係綦重，各一摺，覽奏均悉。垂簾聽政，歷稽往代，皆出權宜之舉，行之不慎，流弊滋多，史冊昭垂，可為殷鑒。前因皇帝典學有成，特降懿旨，及時歸政，此深宮十餘年來殷殷盼望之苦衷，天下臣民自應共諒，故於十四日王、大臣等合詞籲陳，均未允准。數日以來，皇帝宮中定省，時時以多聆慈訓，俾有稟承，再四籲求，情詞肫摯；茲復披覽該王大臣等章奏，瀝陳時事艱難，軍國重要，醇親王摺內兼以「念及宗社，仰慰先靈」等詞，諄諄籲請，迴環循覽，悚惕實深。國家際此時艱，飭紀整綱，百廢待舉，皇帝初親大政，決疑定策，實不能不遇事提撕，期臻周妥。既據該王、大臣等再三瀝懇，何敢固持一己守經之義，致達天下眾論之公也，勉允所請，於皇帝親政後再行訓政數年，爾中外大小臣工，務當各抒忠赤，盡力匡勷，以期力振委靡，共臻郅治，於諸臣有厚望焉。

至錫珍等及貴賢摺內，請飭廷臣會議等語。皇帝親政，係國家及時應舉之盛典，業經特降懿旨，通諭遵行，豈如臣下條陳事涉疑似者，尚須集議。況王公、大學士、六部、九卿兩次陳奏，眾議僉同，豈必待添入翰詹、科道乃為定論耶？所奏殊屬非是，著毋庸議。

醇親王前次片奏，內有親政前期，交卸神機營印鑰等語。現既允准訓政，醇親王亦當以國事為重，略小節而顧大局，所管事宜仍著照常經理。俟數年後，斟酌情形，再行降旨。欽此。

親奠惇親王奕誴

光緒十五年正月十八日，上諭：「朕叔惇親王薨逝，已降旨派貝勒載瀅前往奠醊。朕於本日恭奉慈禧端佑康頤昭豫莊誠皇太后親臨府邸賜奠，用示篤念親親至意。欽此。」

屠仁守開去御史

二十日，欽奉慈禧端佑康頤昭豫莊誠皇太后懿旨：

御史屠仁守奏歸政居期直陳管見一摺，據稱「歸政伊邇，時事方殷，請明降懿旨，外省密摺、廷臣封奏，仍書皇太后聖鑒，懇恩披覽，然後施行」等語。覽奏殊深駭異。垂簾聽政，本屬萬不得已之舉，深宮遠鑒前代流弊，特飭及時歸政，上符列聖成憲，下杜來世口實，主持堅定，用意甚深，況早經降旨宣示中外，天下臣民翕然共遵。今若於舉行伊始，又降懿旨，飭令仍書聖鑒，披覽章奏，是出令未幾，旋即反汗，使天下後世視予為何如人耶？況垂簾權宜之舉，與高宗純皇帝大廷授受訓政之典迥不相侔，何得妄為比擬。至歸政後，祇醇親王單銜奏件暫須經達深宮。醇親王密陳數條，亦為皇帝初裁大政，軍國重要事件，宮中定省，可以隨時稟承，並非著為典常，使訓政之事永無底止。該御史此奏，既與前旨顯然相背，且開後世妄測訾議之端，所見甚屬乖謬。此事關係甚大，若不予以懲處，無以為逞臆妄言紊亂成法者戒。屠仁守著開去御史，交部議處；原摺著擲還。欽此。

林紹年諫報效遭申飭

二十三日，欽奉慈禧端佑康頤昭豫莊誠皇太后懿旨：

御史林紹年奏督撫報效有關政體民生請旨飭禁一摺。海軍為經國要圖，自光緒十一年創辦以來，規模略具，需款浩繁。前據總理海軍事務衙門奏准，由兩江等省於正雜諸款內騰挪巨款，分年撥解天津，交李鴻章發商生息。各省籌解之銀，專備海軍不時之需，其每年息銀，則以補海軍衙門放項之不足，並無令各省督撫報效之事。該御史此奏，乃以「朝廷責進獻，督撫肆誅求」等語，任意揣測，危詞聳聽，實屬謬妄。林紹年著傳旨嚴行申飭。欽此。

吳大澂請崇奕譞典禮遭斥

二月初二日，欽奉慈禧端佑康頤昭豫莊誠皇太后懿旨：

本日據吳大澂奏請飭議尊崇醇親王典禮一摺。皇帝入嗣文宗顯皇帝，寅承大統，醇親王奕譞謙卑謹慎，翼翼小心，十餘年來深宮派辦事宜，靡不殫竭心力，恪共盡職。每遇優加異數，皆再四涕泣懇辭，前賞杏黃轎，至今不敢乘坐，其秉心忠赤，嚴畏殊常，非徒深宮知之最深，實天下臣民所共諒。自光緒元年正月初八日，醇親王即有豫杜妄論一奏，內稱「歷代繼統之君推崇本生父母者，以宋孝宗不改子偁秀王之封為至當。慮皇帝親政後，僉壬幸進，援引治平、嘉靖之說，肆其奸邪，預具封章，請俟親政時宣示天下，俾千秋萬載勿再更張。」其披瀝之誠，自古純臣居心何以過此，深宮不能不嘉許感歎，勉從所請者也。

茲當歸政伊始，吳大澂果有此奏。若不將醇親王原奏及時宣示，則後此邪說並進，妄希議禮梯榮，其患何堪設想？用特明白曉諭，並將醇親王原奏發鈔，俾中外臣民咸知我朝隆規超越古今，即賢王心事亦從此可以共白。嗣後闞名希寵之徒，更何所容其覬覦乎！為此通諭中外知之。

醇親王原奏云：

臣奕譞跪奏，為披瀝愚見，預杜僉壬妄論，恭摺具奏仰祈慈鑒事：臣嘗見歷代繼承大統之君推崇本生父母者，備載史書，其中有適得至當者焉，宋孝宗之不改子偁秀王之封是也。有大亂之道焉，宋英宗之濮議，明世宗之議禮是也。張璁、桂萼之儔無足論矣，忠如韓琦，乃與司馬光議論牴牾，其故何歟？蓋非常之事出，立論者勢必紛遝擾攘。雖乃心王室，不無其人，而以此為梯榮之具，迫其主以不得不視為莊論者，正復不少。

恭惟皇清受天之命，列聖相承，十朝一脈，至隆極盛，曠古罕覯。詎穆宗毅皇帝春秋正盛，遽棄臣民。皇太后以宗廟社稷為重，特命皇帝入承大統，復推恩及臣，以親王世襲罔替，渥叨異數，感懼難名，原不須更生過慮。惟思此時垂簾聽政，簡用賢良，廷議既屬執中，邪說自必潛匿，倘將來親政後，或有草茅新進之徒，趨六年拜相捷徑，以危言故事聳動宸聽，不幸稍一夷猶，則朝廷徒滋多事矣。

合無仰懇皇太后將臣此摺留之宮中，俟皇帝親政時，宣示廷臣世賞之由及臣寅畏本意，千秋萬歲，勿再更張。如有以治平、嘉靖等朝之說進者，務目之為奸邪小人，立加屏斥。果蒙慈命嚴切，皇帝敢不欽遵，是不但微臣名節得以保全，而關乎君子小人消長之機者，實為至大且要。

所有微臣披瀝愚見，預杜僉壬妄論緣由，謹恭摺具奏，伏乞皇太后聖明洞鑒。

光緒元年正月初八日奏上，留中。

奕譞飾終之典

光緒十六年十一月二十一日，內閣奉上諭：

朕欽奉慈禧端佑康頤昭豫莊誠壽恭欽獻皇太后懿旨：

自古帝王以孝治天下，必推本於所生，而禮有經權，尤必折衷至當，方足以昭示來茲。恭讀高宗純皇帝御製《濮議辨》，援引《禮經》，垂為定論，稱「所生曰皇帝本生父，歿則稱本生考，立廟於其邸第，為不祧之廟，祀以天子之禮，合乎父為士、子為大夫，葬以士、祭以大夫之義，則尊親之誼交盡，而於公義私恩兩無遺憾。」聖訓煌煌，昭垂萬世，洵為協於天理人情之至。皇帝入嗣文宗顯皇帝，誕承大統，光緒元年正月醇親王奕譞密陳預杜妄論一疏內稱：「歷代繼統之君推崇本生父母者，以宋孝宗不改子偁秀王之封為至當」，「將來如有以治平、嘉靖之說進者，務目之為奸邪小人，立加屏斥」等語。持論正大，敬徵高宗純皇帝御論，正相吻合。其志慮之忠誠，防維之深切，方之古純臣何以加茲！上年二月初二日，因吳大澂之奏，特降懿旨，將王之密疏宣示中外，俾天下臣民咸知我朝隆軌超軼前代，而醇親王寅畏之本心從此昭然若揭。詎意天不假年，溘然長逝，痛惜之極，悲感彌深。醇親王著定稱號曰皇帝本生考，所有一切飾終喪祭典禮，自宜恪遵祖訓，詳定彝章，用遂皇帝恩義交盡之忱，兼表賢王終始不渝之志。著派御前大臣、軍機大臣、翁同龢、孫家鼐會同禮部妥議以聞。欽此。

醇賢親王薨逝，一切典禮皆創行。皇上詣府行祭奠禮，祭文由翰林院恭撰。其文起首，曰「維年月日，皇帝謹致祭於本生考醇賢親王之靈」云云。常熟翁檢討斌孫撰擬。文內有云：「誦戒勉二詩，已括周孔傳心之要；讀防微一疏，足杜宋明議禮之爭。」此一聯最為警切。蓋王嘗進戒勉二詩於上，又有杜漸防微之疏也。

卷二

同治三年變通軍需報銷

同治三年七月十三日奉上諭：

戶部尚書倭仁奏請將軍需報銷變通辦理一摺，據稱「軍需報銷向來必以例為斷，然其間制變因時，亦有未能悉遵之處。各省軍需歷年已久，承辦既非一人，轉戰動經數省，則例所載徵調，但指兵丁，而此次成功半資勇力，兵與勇本不相同，例與案遂致歧出。在部臣引例核案，往返駁查，不過求其造報如例，而各處書吏藉此需索，糧臺委員藉以招搖，費無所出，則浮銷苛斂等弊由此而起。請將同治三年六月以前未經報銷各案，開具簡明清單奏明存案，並請飭禁勸捐歸補名目。」等語。

所奏係為因時杜弊起見。軍需報銷一事，本有例定章程，惟近來用兵十餘年，蔓延十數省，報銷款目所在多有，若責令照例辦理，不獨虛糜帑項，徒為委員書吏開需索之門，而且支應稍有不符，於例即難核准，不得不著落賠償。將帥宣力行間，甫邀恩錫，旋迫追呼，甚非國家厚待勳臣之意。著照所請。所有同治三年六月以前各處辦理軍務未經報銷之案，惟將收支款目總數，分年分起開具簡明清單，奏明存案，免其造冊報銷。

此係朝廷破格恩施，各路統兵大臣、各省督撫具有天良，務須督飭糧臺委員核實開報，不得因有此旨，任意影射浮冒。並著嚴禁勸捐歸補名目，及私設釐卡等弊。如有不肖委員，仍以前項情弊巧為嘗試，別經發覺，除將承辦各員嚴辦外，必將各該統兵大臣及各該督撫等從重治罪。部中書吏，如有在各處招搖撞騙朦混包攬者，並著嚴行拿辦，以懲奸蠹。

其自本年七月起，一應軍需，凡有例可循者，務當遵例支發，力求撙節，其例所不及有應酌量變通者，亦須先行奏諮備案，事竣之日一體造冊報銷，不得以此次特恩，妄生希冀。將此通諭中外知之。欽此。

謹按：軍需報銷，自乾隆朝刊頒則例，准銷各款有條不紊。然蕆事之後，造冊請銷，一收一支，不能針孔相符，於是部吏得以持其短長，嚴加駁詰。而所謂部費一款，每百幾釐幾毫者，數遂不貲。自帥臣以逮末僚，凡廁身行間，勻攤追賠，無一漏脫。存者及身，死者子孫，久迫追呼，非呈報家產盡絕，由地方官驗明加結具文諮部，不能完案。其有前經帥臣奏諮後難結算者，則歸用兵省份州縣流攤，名為軍需挪墊、兵差挪缺等款，亦動經數十年始得歸補，而州縣又不勝其累。是以部費一說，視為固然，萬口同聲，略無隱諱。

蓋自停遣督餉大員後，每遇征伐，帥臣兵餉兼操，內而戶部，外而藩司，支數可稽，用數無考，而軍中大小將吏得以多立名目，肆為侵冒，皆恃部費為護符，貪狡成風，真堪痛恨！然猶全用旗、綠官兵，調發若干，死亡若干，人數尚有可核，而浮冒侵漁弊已如是。若此次廣西髮逆倡亂，撚匪繼之，島夷又繼之，回匪又繼之，越時至十四年，行師至十餘省，召募之勇十居七八，經制之兵十才一二。某路某帥召募若干，撤換若干，某路某戰傷亡若干，更補若干，其立營補額，均未隨時奏諮備案。其隨營執事文武員弁，倏入倏出，亦不報部存查。為薪為糧，扣曠扣建，紛紜膠轕，無從清釐。各路統兵大臣肆意專擅，非不知事後報銷，無憑核算，必成不了之局，亦惟賴別籌部費耳。乃荷聖主如天之仁，不以擅行召募，浮冒滋多，逐年參稽，水落石出，行專制之嚴譴，追濫費之帑金，轉蒙大賚宏頒，錄功宥罪，既往不咎，咸與維新。凡在事之獲保身家者，不下數千萬人，而州縣得免於流攤，部書失望於需索。湛恩汪濊，開國二百二十年所未有也。

當癸亥、甲子之交，江南官軍嚴圍復合，百道環攻，收復之機端倪可睹。戶部書吏知復城之不遠也，報銷之難緩也，約同兵、工兩部蠹吏，密遣親信分赴髮逆被擾各省城，潛與各該省佐雜微員中狙詐狡黠、向與部書串通又能為管庫大吏關說者，商議報銷部費，某省每百幾釐幾毫，粗有成約，一面遣派工寫算之清書，攜帶冊式，就地坐辦。蓋各省藩、糧、鹽、關四庫款目，及捐輸、釐金等項，存庫舊籍，報部清冊，其名目省各不同，不得不就地查核，以求符合。此輩資斧紙筆，皆由部書墊給，統歸分年准銷部費內增扣歸款，合計所墊在數萬金。

而其時王夔石中丞方官戶部郎中，灼知將來報銷萬無了局，因創請免冊報私議，堂司同僚中多有聞而善之者。至是江南報捷，中丞適以京察授湖北安襄鄖荊道，將出都矣。倭大司農約同堂上官，密取中丞議稿，參閱酌定。七月十二日，齊赴戶部內署，召司員中工楷書者數人，扃內堂門，某錄稿，某用印，某繕摺，至漏三下辦畢，乃偕各堂官隨議政恭親王詣宮門遞摺。兩宮皇太后召問稱善，命即頒諭宣示中外。詔書既降，都人士歡聲如雷，各部書吏聞而大駭，有相向泣者。茲事詳見李黼堂中丞《寶韋齋類稿》。此同治朝曠典也，不可以無記。

林則徐明察

家荔裳侍郎嘗語人曰：「林文忠辦事必替人設想，故人感之入骨，此可為用人之法。自其為知府以至總督，凡所辦之案皆鈔有副本，凡二十六馱，目錄四篋，以二僕專司之。其明察，非由寄耳目於人，蓋遇事好問，開誠以待，故人亦樂於傾吐也。」

胡林翼臨終異聞

益陽胡文忠公薨於軍，羅少村觀察祜從文忠久，哭之慟。將斂，少村以手按文忠胸間，雖微冷而與肢體異，久之若翕翕動，力持勿遽斂，猶冀其復甦也。至三日，摺弁回，文忠疾亟時奏請開缺之摺，奉硃批：「湖北巡撫著李續宜暫行署理，接統各軍。」少村乃附文忠耳大聲讀之。文忠平日兩目光如電，至是忽大張，若微頷之者，侍者駭走，旋一瞑不復視。少村再按心間，則方寸寒於冰鐵矣。文忠血誠謀國，耿耿寸丹，死而不死，必待親聞諭旨付託有人而後瞑也。

胡林翼論戰守兩信

胡文忠公在黔日，先大父與吳文節公合疏保之，其後往來書牘甚夥。親筆數通，在晉陽日，為陸紫英攜去。今檢得二通，為文忠集中所遺者，錄之如左。文云：

仲勻老伯大人閣下：

奉手諭，感誦不能去手，敬想鈞候萬福，勳望日隆，至以為慰。制置全蜀，其地吏治民情，殆不如秦地之淳美。黔中之禍，迄無定局，邊防虛糜，殊少良將。竊謂近年大局，自以求將才為先務。大寇未平，民且狡起戎心，一盜夜呼，千人駭辟，篝火狐鳴，所在皆是。求將於已亂之國，是所謂亡羊而補牢也。求將於未亂之國，是所謂未雨綢繆也。蜀人多聰明伶俐之士，頗少負固不拔之概。以全省之大，必有奇才。老伯之慧眼求之，必有應召而至者矣。椎魯質直，不愛錢，不怕死，庶幾得之。至吏治之頹，實兵禍之所由起。老伯大人明於天人之際，卓識遠猷，曲成不遺，在外近四十年，封疆老臣，中外一人而已，殆如裴晉公之於唐，韓忠獻之於宋，庸淺如任，不必讚詞。

楚邊不必設防，徒縻餉糈。與其設防於邊，而日久懈生，終不可戰，不如物色良將於督標，另置選鋒，嚴立課程，日夜訓練，一旦有警，隨機應變。平時有藜藿不採之威，臨事有折衝千里之勢，計無有切於此者矣。

時局所慮，在無將無餉，而實則兩患仍在當事之非才，譬之草木均可為藥，惜無嘗百草之人詳其性、審其味，而因病處方耳。又嘗試之始，必猝然遇毒，因而自悔其初心，則視天下無可為之事。聖賢豪傑，睿知過於常人，然古無不受欺、不吃虧之豪傑也。仙佛尚有魔劫，況以身任天下者哉？軍與六年矣，凡天下之財，如鹽課、釐金、牙帖、捐輸，均可濟餉，有人經理以開其生財之道，行間諸將能尚廉恥、敦氣節、力戰制賊以節其流，則數年內浪費之財豈尚不足耶？

湖北兵政、吏治、人才，殆難言狀，而兵勇之怯懦，將備之虛驕，亦一時無兩。目下城賊之食將絕，倘無他變，或可幸成。秦餉為襄陽土匪猝起，久不到營。隆貺至厚，無如匪不滿千，府縣自潰，秀帥發兵又潰。昨以南岸千二百人援鄖，或有濟乎？騶從入蜀，必先求者，任之餉耳。

迪庵與任之水師敢戰，人能言之，老伯亦素信任而不疑。任之立志，必使營哨之官盡廉潔，不私一錢，其章程所定薪水，又實足以養其廉，而兼有愛士之餘力。擴充此義，楚軍可以大強，亦可以久而不弱。然此時積欠近三十萬，強兵與弱兵，廉將與貪將，混而同之；或且軒輕而偏私之，是則天時人事之不可以理解者矣。幼讀李忠定傳，輒憤不能食，今則曉然於命之所在，乃轉坦然矣。

武漢若復，肅清境內，尚有所待。侄意欲添舟以載陸師，如杜征南、王龍驤之蹟。古人以舟兼陸。如平淮夷而賦江漢之詩，及漢之樓船，横海下瀨，勾踐之習流，夫差之餘皇，呂蒙之伏精兵冒白衣，皆未嘗不登岸也。若得水師之專水戰者八千人，分為兩翼，得陸師之習陸戰者萬二千人，分為兩部，各以一留後，以一東征，陸軍亦載於舟中，水師先導，陸師突起擊之，出不意而攻不備，吳會之地必可速勝。舟中攜三月米錢薪煤，則陸師可三月不匱，水師所攜亦如此。惟三月之火藥炮子各須三十萬斤，而陸師之坐船必須另造，大不易易耳。其必分兩班者，凡戰久，必多傷、必疲，兩班則力不疲，而戰守胥有賴耳。且深入與賊戰，可幸大勝，賊必堅守不出以老我師，以逞其故智。我仍登舟以歸，賊知班師矣，必他計而改途，後之留守者改為徵兵，飄忽千里，豈非將軍從天而下耶！多方亟疲之法，莫捷於此。即使無功，亦使賊多備而虞我力爭上游，則於吳越之事必紓。

如此計不可為，則非節節打通不可。竊料賊之堅守已成慣技，非三五年所能蕆事，而天下之財力竭矣，東南之賊黨多矣，吳越之禍端又必日亟。

惟侄之從事，除黔中外，從戎已三年，絕無三日之餘糧，足以從吾所志。上年欠餉太久，一潰了事。本年又欠至數十萬，軍心尚堅，軍政尚有律，然心彌苦矣。安得粵西始事之時之餉假我三四十萬金，得以添船添勇，為此大舉？亦不過空言無補耳。以老伯知己之感，故敢發其狂愚，以備異日之採擇。

侄師久無功，心跡不能自見，即欲自陳，惴惴然恐其不情中朝大老。自黔中作守後，音驛不時，不惟不敢，亦不暇伸紙作書。意緒萬端，詞不能擇，尚乞鑒恕。

愚侄胡林翼頓首

又一通云：

仲勻老伯大人鈞座：

時局艱難，一年之中禍變若此，讀手諭如讀劉子政、屈靈均文字，抑塞悲憤，憂思悃懇。皖南北軍情已另疏前函中。金陵、蘇、常及分犯嚴州之賊，均已並力西犯，若知滬瀆之兵不足顧忌，而鎮江、揚州之兵固守尚自恐不贍，故得悉數西犯而無復忌憚矣。

鄂餉自蜀、吳阻兵，商賈不通，積欠甚鉅。近年疆臣，非復大公無我，仁愛鄂民如老伯之在秦在蜀時也。且各省亦均為京餉迫切，自顧不暇，惠不及鄰。時實然也，固不足責。惟水陸亦萬人，欠餉三百萬，以饑軍禦強寇，如履春冰臨白日，一生危殆，固在意中。天末孤臣，一身不足惜，獨惜以僨事被惡聲，而東南七省均將同流合污，為賊所淪胥而鎔成一片耳。刻下援賊耽耽，日伺吾釁，軍出雜遝，批答甚煩。前月大病，尚不得死，活亦贅耳。手此載請鈞安。

林翼頓首

榮祿傾陷沈桂芬

沈文定在樞廷最久，兼管譯署，值外交艱棘之秋。日本侵我琉球之案，俄羅斯還我伊犁之案，臺臣講官交章論列，咸咎總理衙門之失機。文定承文文忠、寶文靖後，一意持重。東朝憚於發難，德宗正在沖齡，不得已之苦衷，固不能歸罪文定一人也。其持躬清介，為同朝所無。外吏饋贈，多卻而不受。所居東廠胡同邸第，門外不容旋馬。入朝從未乘坐大轎，與後來風氣迥不侔矣。

然其官戶部時，以持正幾為榮文忠祿所傾。厥後文忠入政府，孝欽顯皇后恩禮有加，後亦稍稍惡之，嘗因病請假。比疾亟，孝欽一日語善化曰：「榮祿用心太過，有時有偏處，我從前幾受伊欺矇。」善化因從容請太后詳言之，太后曰：「榮祿在內務府時，屢言沈桂芬之壞處，且言不將沈桂芬調開不好辦事，吾亦疑沈桂芬太迂謹。一日貴州巡撫出缺，適沈桂芬未入直，我有旨放沈桂芬為貴州巡撫。而寶鋆、李鴻藻堅不承旨，謂本朝從無以軍機大臣、尚書出任巡撫者。沈桂芬在軍機多年，並無壞處，臣等皆深知之。如太后不收回成命，臣等萬不能下去。碰頭者再，我乃允許之。此事實為榮祿欺我也。」善化嘗與榮泛論舊日樞臣，榮頗詆吳江。甚矣，大臣之忮刻也。

崇綺等謀廢立

崇公綺謝病不出者二十餘年，己亥有旨將召用，日與靜海相國密謀廢立事。一日相約至榮相宅，榮直樞廷未歸，二公坐以俟。榮相歸，二公袖一稿，以東朝有廢立意告榮，且援漢霍光事相證，冀榮贊助之。榮曰：「此何等事，而兩君鹵莽為之乎？且不慮外人干涉乎？」二公意未已。榮遽拂衣入內，二公乃踉蹌去。其後，慶親王以李文忠詢各國公使語上聞，此議始寢。

載灃為攝政王

今上宣統之初，以醇親王載灃為監國攝政王。所有攝政王禮節，經廷臣會議，奏請奉旨准行，凡十六條。府第定於西苑中海，劃出集靈囿一帶，並於三所作為平日休息之地。命鑄金章，鈐於諭旨。

召見樞臣賜坐

自十一月二十一日起，即在養心殿召見樞臣賜坐，惟梁敦彥不賜坐。召見畢即看書，至懋勤殿選用書籍。

隆裕與宣統

隆裕皇太后移居長春宮東暖閣，上居西暖閣，便於照料。俟召見事竣，上仍至養心殿傳膳休息。兩宮甚為親愛。

光緒臨終奇兆

景廟上仙之前數日，忽命匠人將瀛臺舊設之机凳鋸其足若干寸，語侍臣云：「將為若輩之用。」頃召見，禮節例需用矮凳，一時未備。惟內務府大臣知前日之事，猛憶及之，遂取以應用，亦奇兆矣。

扃鐍留中密摺

孝欽顯皇后訓政時，凡臣工密奏留中者，扃鐍數篋，其鑰匙自帶，嗣於病中付隆裕皇太后收藏。頃已由攝政王請鑰匙下，將於暇時一一披閱。另備二篋，存儲近日要件。其鑰匙，亦自行佩帶云。

李文田疏請起用奕訢

順德李文誠公於光緒二十年七月順天學政任滿還直南齋。時邊事日亟，公與同直陸公潤庠、張公百熙、陸公寶忠，聯銜奏請起用恭忠親王，略曰：

倭患之貽誤於前日者不足言矣，此際前茅失利，藩籬全潰，疆臣無囊底之智，當軸窮發蹤之方，上無以酬浩蕩之施，外無以塞臺諫之劾。推原其故，毋亦當國者處疏遠之地而懷疑畏之罪也。夫同一李鴻章，何以前時所向有功，今日一籌莫展？同一倭國，何以往時犯臺灣而不利，今日戰高麗而無前？外朝諸臣皆病政府非才，不知以今日事勢揆之，固然其無足怪也。夫以禮親王世鐸之才思平庸，其不足以驅駕李鴻章亦明矣。領袖如此，餘人之退聽者可知；政府之執政權者如此，總署之稟承政府者又可知。一旦事會艱危，計維仰稟宸謨，規避擔荷，救過不暇，何論立功。此次軍務，遂至仰煩宸廑，添派大臣會議。夫既增派，則政府安用？政府尚不足恃，會議又安有權？無惑乎其無功也。疆臣視政府為避趨，政府又聽疆臣為進退，兩相推諉，即互相貽誤。究其用意，避處分焉而已。一歸宸斷，庶隱然自立於無過之地，縱有降謫，為罪亦輕。此其為計甚工，而不知國家已陰受其病也，然而勢使之然也。

夫事勢至今日，無人不知恭親王之當棄瑕錄用矣。然而政府不敢言，前日不言而今言，是自求禍也；外廷不敢言，以為言之未必用，且罪在不測也。夫時事至艱危，而猶避不測之罪，是國家養士終無食報之日也，養士又安用哉？

夫恭親王之過失，自在皇太后、皇上洞鑒之中，臣等亦無勞多瀆矣。特念咸豐末年，時事之難有逾今日，計其才具，在當日實收指臂之助。揆以當日之成效，責以今日之時艱，或冀一番振作。若慮不堪任使，再有負乘，則以皇太后之聖明，臣知其不敢再負聖恩，自速官謗。臣愚以為今日者，允宜開張聖聽，豁除瑕纇，庶收其識塗之效，以贖其往日之愆。如得請於皇太后，則國家之福實式憑之。

《語》曰「君子不施其親」，又曰「故舊無大故則不棄」。其於今日事理，若合符節。《詩》曰「發言盈廷，誰敢執其咎？」今樞廷無執咎之人，而築室有道謀之患。豈發言盈廷，無一人能決是非，足以啟聖心而贊廟謨者，臣實恥之！臣實痛之！計皇太后、皇上聖慮崇深，未必不曾紓宸眷。但早收一日之用，或早成一日之功，宇內生靈免於塗炭，其有繫於億萬年丕基之遠者，實非淺鮮。若遲久後用，無論挽回非易，一經敗壞，方議拯救，縱使及事，所傷實多。

疏且上，公慮天威不測，願獨受其咎，摺末有「臣文田主稿」語。陸、張諸公固不許，乃刪之。書御稱旨，由是廷僚交章奏請者踵相接。九月初一日，恭親王遂以管理海軍大臣督辦軍務，節制前敵諸將帥。逾月，復入軍機。

張之洞電駁更張官制

光緒季年創行立憲，議改官制，樞臣頗主其說，張文襄駁之。電文四千餘言，中間「無事自擾」數語，意蓋有所指。乃未幾而九年籌備章程出，文襄入樞府年餘，尋以疾薨於位，而世變已不可究矣。讀此文有餘恫焉。

議改外官制事，敝處昨電復京師，錄稿奉覽，其文曰：

效電悉。愚繹諭旨，以定官制為立憲預備，則此次官制之應如何改定，自以有關於立憲之利害為主。其無關憲法者，似可不必多所更張，轉致財力竭蹷，政事叢脞，人心惶擾。考各國立憲，本指不外乎達民情、採公論兩義。此二事乃中國聖經賢傳立政之本原，唐、虞、三代神聖帝王馭世之正軌，心同理同，中外豈有殊異？聖諭剴切深厚，自應切實籌議推行。謹分條奉復如左：

一、設四鄉讞局、議事員、董事員。詳讀尊電各條，惟設鄉官，設議事會、董事會兩法有關立憲本意。竊惟中國風尚，鄉紳自愛者，以不管公事為有品。或遇有關利害安危大端，偶一任之，或必須地方官敦請，始來與議。其平日自願管地方事者，及好管地方瑣細事者，多非端廉之士。若概名為官，必不免徇私作威，包攬利權，嚇詐鄉愚，抗擾政令諸弊。故四鄉分理細故詞訟之鄉紳，不宜名之為官，祇可同為鄉長，若當日團長、團總之例，亦不宜襲日本分區之制，名為區官。查咸豐、同治年間，髮、撚為亂，皖、豫、山東及直隸南數府，處處辦團，流弊滋多。除黔團通賊謀逆，如苗沛霖之類不計外，即不為匪之團，亦多有抗糧、抗案、擅殺、尋仇諸弊。幸官軍剿平髮、捻，諸團或懲或散，始漸救平，今豈可導之使亂。至議事、董事兩會，未嘗不可設立，但一須正其名義，二須定其權限。名義者，祇可名局，不可名會。查各省府縣多有紳局，或主捕盜清匪，如廣東之安良局、沙田局之類；或主籌費濟公，如四川之三費局、伕馬局，陝西、河南之車馬局之類；此外，堤工、善舉各局，所在多有。名沿其舊，則不僭不驕，屏去會名，使不至為江湖會、聯莊會、三合會、哥老會各種作亂之會匪所影射，此名義也。權限者，議事之員但許有議事之責，不予以決斷之權。其議決之可否，悉由官定，以審度其可行與否。至董事之員，祗可供地方官之委任調度，不宜直加以輔助地方官辦事之名。若權限逾分，必致官為董制，事事掣肘，雖有地方監督之說，徒存虛文而已，其為害殆不可思議。故議事之員，能議而不能決；董事之員，宜聽官令而不宜聽紳令，此權限也。

尊電因擬裁知府，故未言及府城之議事、董事各員。茲鄙意擬請仍留知府，則府城亦應照州縣辦法層遞設立，議事局、董事員，其權限亦與州縣之紳董同，以總達各縣之民情，供知府之委任。惟分理各鄉讞局之鄉長，及議事、董事之員，須由本縣人公同推舉。其推舉此各項紳董者，必須家有中人產業而又素行端謹者，方許列名為推舉人，由官選定派充稟報。如官派不公，准其赴省控告；民舉不公，准本縣官停議另舉。如此，則民情可上達，公論可上聞，而紀綱等級尚未廢棄破除，紳謀官斷，互相補救，似與朝廷勤求民瘼之意相合。俟行之十年以後，學校日增，士民智識日開，道德日進，設有囂張惡習、狂悖言行，隨時訓導儆戒，俾其道德之效，不致為犯上作亂之行，其智識之效，能諳習一鄉之情形，明曉全國之大勢，並能通知中外交涉之大端，國家政事兵事之梗概。究其要歸，必其智識不離於道德，尚武不越乎法律範圍，方為合格。屆時體察，果能臻如此之程度，再議立憲之大舉，自然有利無弊。若十年以後，人民道德未能盡純，智識未能盡充，則尚須從緩。僅照以上所言，各府縣分設鄉長，分設議事、董事各員，官紳互相維持策勉，亦足以破壅蔽，杜偏徇，察窮簷之疾苦，採巖穴之良謀，尚不至大有流弊也。

一、議改州縣之制。考本朝沿明制，州縣分三等：曰繁、曰中、曰簡，本有等差，與漢、唐縣官之制大同小異。今欲重其品秩，而又分為三等，則大縣稱州，中縣稱廳，小縣稱縣可也。蓋外間同知稱廳，理民通判、理苗分防州同州判，民間亦稱廳，似體制較州為稍遜。至廢去知府而令大縣稱府，則似有未安。各省幅員遼闊，輪船罕通，每一府所轄少則四五縣，多者至十縣。各縣距省遙遠，極遠者至二三千里，賴有知府，猶可分寄耳目，民冤可伸理，災荒可復勘，盜匪可覺察飭緝。若盡歸省城考察，豈能遍及？待該縣稟報至省，禍亂已成；控告到院司，民命已斃矣。故裁去知府一說，萬分窒礙，勢有難行。稱府而無屬縣，名義亦難解。似不必蹈襲日本之故套，以東京、西京、大阪三處專名府也。既有屬縣，則事繁體尊，附郭之首縣不宜裁矣。至每州縣各設佐治官，分掌財賦、巡警、教育、監獄、農工商及庶務，甚為有益。惟員少不足濟用，祿少不足養廉。員多俸厚，經費太巨。今日州縣之俸，大率因處分被罰；其養廉，亦多司庫因公款扣抵，不能全領，安有餘力巨款，為新設之州縣佐治官籌俸廉哉？似宜聽州縣量力延訪委員，較為可行。

一、議改省城院司各官之制。第一層辦法，諸多不便。院司合為一署，同畫一稿，定時入署一節。晷刻有限，必致草率敷衍，一也。京城每一部皆一類之事，然且每司各自有印，各自有稿。若一省督撫及各司道，則兼有各部之事，若並為一署，無此廣大廨舍能容許多官吏，能存許多案牘，二也。近因患責任不專，故督撫祇留其一，今設兩丞，豈不又添兩巡撫乎？定多牽掣推諉，三也。院司局各有等級，各有責成，各有印信，能自行文牘。其間交駁異同，亦可收匡助之益。即有謬誤，責有攸歸。倘併為一稿，必仍是一人作主，若督撫驕矜，則兩司徒畫黑稿；若兩司跋扈，則督撫祇如贅瘤。六部堂官雖多，仍是一人主稿先行。東三省事務較簡，豈能以例內地。外省銜參之期，司道公見，不過略談大指，並不能立時籌定辦法。大率有重要事，必須與司局著重之一二員或二三員，便坐燕見，或至日晡，或至夜分，縱談深慮，反覆籌思，乃能籌定一議。即京都堂司商榷要政，亦都是司官赴宅內詳陳密談，乾隆以前名臣皆是如此。若到署片刻，不查案，不思索，恐未能遽籌得至當不易之辦法，四也。

至於府縣文牘直達於省，由省逕行州縣一節。查照例，公牘無論上行下行，乃是層層遞轉。若緊要事體，州縣一面徑稟督撫，一面分稟司道局府，謂之通稟、通詳，督撫亦徑批札州縣。軍興以來，此類甚多，至今猶然，不患不能直達也。

至每省設高等審判廳，行政、司法各有專職一節，尤所未喻。一省之中，臬司即是高等審判廳矣，另設一廳何為？若謂臬司是行政之員，須另有司法之官，則臬司問案擬罪，仍須督撫核批；達部者，須督撫核轉，總須俟部復始定。然則臬司及督撫，即是司法之行政；刑部，即是司法矣。何必剿襲東語，多此紛歧哉？傳聞獻議者，並有擬由高等審判廳以直達法部，督撫不但司檢察、不司裁判之說，不勝駭異，想貴大臣未必允行。假使萬一採用其言，則以後州縣不親獄訟，疆臣不問刑名。昔孔聖知本，專論聽訟；魯莊勝齊，惟恃斷獄。若州縣不審判，則愛民治民之實政，皆無所施，以此求治，未見其可。且外州縣距省或數百里里，以至二三千里，若裁去知府，則冤獄偏斷何處申理，小民尋常訟案亦必將賣產為資赴省上控，即使省控，而督撫臬司亦不能審判，仍須取決於法部、理院。夫老弱窮嫠，安能奔馳數千里而京控乎？京師部院能日訊全國數千萬起之訟案乎？假如文武官吏有犯，而督撫不能審判，何以號令屬官乎？

第二層辦法，似尤多窒礙之處。民政以警察為大端，乃臬司分內事，何以不屬臬司而屬藩司？理財乃藩司分內事，何以不屬藩司而又別立財政司？且通省財政，關係極重，而秩視運司，轉較學、臬為小？即如現在藩、學、臬、運、糧、鹽、關、河，權限本自分明，不相淆混，乃亦議改變，則尤可不必矣。若知府一官，鄙見必須留之，不宜裁撤，因其去民較近，轄屬較小，可為院司分任考察。

既留知府，則巡道似可裁撤。惟各省設巡道之本意，大率以兵備為主。前三十年軍務、近二十年教案等事，則道員之責較重，取其官階較崇，調遣武營較易。故地理學家之要訣，須先將一省各道之疆域分清，則一省之形勢脈絡瞭然於胸，此可知前人建設巡道之有深意、有關係矣。至知府職司，如所屬州縣錢糧奏銷，災荒蠲緩，私讞審轉，州縣倉庫交代、盤查、出結、代賠之款，皆知府考成。州縣出缺，由知府委員代理，均不由巡道轉詳。議者或慮司之下府之上添一道員，徒多層折重複，此未知外官例章職守，道府各有取義也。至如湖北之襄陽道，則有關三省邊防教案；湖北新設之施鶴道，亦專為教案邊防，均甚有關係，似不應在裁撤之列。

此外，即如湖南鎮筸、江南徐州、河南南汝光、四川建昌、甘肅寧夏，安徽盧鳳潁，此數處皆非糧、鹽、關、河，然豈可無道臺鎮守？然則各省道員，似以不裁為尤妥。在省之官，除藩、學、臬三司仍舊不改，三司之外，尊電擬留糧、鹽、關、河四項道員。惟既不分巡，則道字之名義不協，此四項擬改名為參政，秩從三品；此外緊要各局所，視該省必需者留之，不必各省一律，該局總辦似名為參議，秩正四品，以裁缺道員及候補道充之。蓋前明官制，外省本有參政、參議、副使、僉事之屬，正是兩司副貳，今設此以為知府升轉三司之階，庶免過於躐等。若不裁巡道，則一切名目可仍其舊矣。

抑更有進者，既設議事、董事之紳，又增佐治之官，則州縣應議應辦之事日多，各種治理皆賴財用，學校、警察、農商工業、河堤水利，凡一切厚民生、捍民患之事，非財不濟。各國制度，皆分國家稅、地方稅兩端，斷宜劃分酌留，不致竭澤而漁，庶教養諸政可以實行，此方是立憲要義，愛民真際。應請貴大臣於此項一並議及，是所感幸。

總之，今日預備立憲，祇須合立憲之用意，不必求合於海外立憲國之官制。大抵中國疆域廣大，數倍於東西各國，而輪船、火車、電線通者什一，不通者什九。且立國之本原，歷代政體相沿之成局，國民性情之利病，目前國家之實力，中外各自不同，豈能事事強合？況君主立憲之國，惟日本與德為然，故論者謂中國立憲宜仿此兩國法。德與日之官制曷嘗相同哉？請檢考之可悉也。

竊惟今日國事多艱，宵旰焦勞，貴大臣公忠體國，故求治之心不自覺其過亟。特是度德量力，善俗以漸，經典明訓；用法宜得法外意，史冊良規。方今天災迭乘，民窮財匱，亂匪四起；士氣浮囂，外省之學堂，無不思干預公事，攘取利權，海外之學生，尤為狂妄，動輒上書政府，干預朝政，凌辱監督，橫索錢財，電致本省督撫，詆斥地方官，及加查核，十無一真，其悖謬情形，罄牘難書，而待舉之新政甚多，州縣外受督責，內憂賠累，疲於奔命，無米為炊；督撫支左絀右，救過不遑，但能撫綏鎮遏，平靜無事，已自不易。若改變太驟，全翻成局，需費太多，課虛責有，不惟官吏耳目眩惑，無從措手，權力改變，呼應不靈；竊恐民心惶惑，以為今日即是官民平權，刁民地棍借端鼓眾，抗糧不完，釐稅不納，緝盜匪則抗匿不服，籌賠款則抗欠不交，傳訊不到，斷案不遵，一切紀綱法度立即散亂逾越。國紀一失而難收，民氣一縱而難靖，恐眉睫之禍將有不忍言者矣。

昔唐賢有云：「天下本無事，乃庸人自擾之耳。」洞竊以為不然，無事自擾，尚無大害；若方今四海有事之日，再加之以擾，則不可支矣！且庸人安能擾天下？惟才敏氣盛急於立功名之人，察理不真，審勢不明，貿然大舉，乃能擾天下耳！宋王安石豈庸人哉？洞近年以來，於各種新學新政提倡甚力，倡辦頗多，豈不願中華政治煥然一新，立刻轉弱為強，懾服萬國？第揆之民心，衡之物力，實不宜多有紛更。

官制各條，以洞愚見論之，似不盡與立憲關涉。竊謂宜就現有各衙門認真考核，從容整理，舊制暫勿多改。目下先從設四鄉讞局、選議紳、董事入手，以為將來立憲之始基。如能實力奉行，此尚是達民情、採公論之實際，亦可稍慰環海望治之心。至目前民生困窮，動輒思亂，欲求養民生、感民心之術，則以少取於民為先，多興實業次之。練兵雖要，尚不如安民得民之尤亟。憲法精意，總不外好惡同民耳。

總之，立憲本義在於補救專制之偏，日本立憲之要語，曰「萬事決於公論」。果能事事虛衷諮訪，好惡同民，雖官制仍舊，無害其為立憲政體；如不能集思廣聽，事事皆為國民公益計，則雖盡改照日、德官制名目，仍無解於上下之睽隔、民情之困苦怨讟也。貴大臣所議，似宜慎重圖維，博採周諮，然後奏請施行，方於立憲體裁有合。

洞衰病迂庸，愧無奇謀速化聳動四方之策。承問奉復，曷勝惶悚，幸惟裁察。如有管見，容當續陳之。洞肅洽。等語。祈賜教。洞。嘯。

張之洞因遺摺而改諡

張文襄公遺摺為陳仁先侍御曾壽屬草，陳弢庵閣學寶琛潤色，而公於枕上改定之。中有云：「臣平生以不樹黨援、不殖生產自勵。他無所繼。惟時局艱虞，未能補救，累朝知遇，未能仰酬。將死鳴哀，不敢不攄其愚，泣陳於聖主之前。當此國步艱難，外患日棘，民窮財盡，百廢待興，朝廷方宵旰憂勤，預備立憲，但能自強不息，終可轉危為安。伏願我皇上親師典學，發憤日新。所有因革損益之端，務審先後緩急之序。滿漢視為一體，內外必須兼營。理財以養民為本，恪守祖宗永不加賦之規教。戰以明恥為先，毋忘古人不戢自焚之戒。至用人養才，尤為國家根本至計，務使明於尊親大義，則急公奉上自然日見其多。方今世道凌夷，人心放恣，奔競賄賂，相習成風，尤願我皇上登進正直廉潔之士；凡貪婪好利者，概從擯除。舉直錯枉，雖無赫赫之功，而默化潛移，國家實受無窮之福。正氣日伸，國本自固。凡此愚誠之過計，皆為聖德所優為。倘荷聖明採擇，則臣雖死之日，猶生之年。」先一日，已擬定特謚文忠或文正。比遺疏上，以「不樹黨援、不殖生產」二語觸某邸之忌，臨時忽易前議，改謚文襄云。

貢院石刻

京師貢院聚奎堂壁間，石刻明萬曆庚戌取士詩七律一章，耀州王圖作。王字則之，官侍郎，萬曆三十八年主會試，見《明貢舉考略》。天啟四年，其子淑卞亦主試，和原韻附刻於石。閱三百年，片石無恙。自來主鄉會試者多用原韻賦詩相贈答。光緒辛卯鄉試，余充同考官，副主考徐壽蘅侍郎樹銘有詩，余和詩四章。越九年，庚子之變，八國聯軍入城，其後借河南省城舉行鄉會試。又至丙午，而科舉廢，貢院鞠為茂草矣。

狀元大學士

本朝以一甲第一人位至大學士者：聊城傅以漸、武進呂宮、崑山徐元文、金壇于文襄敏中、會稽梁文定國治、韓城王文端杰、大庾戴文端衢亨、吳縣潘文恭世恩，至光緒間，南皮張文達之萬、常熟翁同龢、壽州孫文正家鼐、嘉定徐郙、元和陸潤庠，凡十三人。

不開東閣四十年

道光間，東閣大學士王公鼎病卒，遂不復開東閣。至光緒十年，左公宗棠授東閣大學士，蓋相距幾四十年矣。

長沙搶米風潮

長沙王益吾祭酒先謙，自江蘇學政告歸，即不出，著書滿家，不與外事。新學盛行，獨持正論，致遭時忌。

宣統二年春，省城米價騰貴，群情洶洶，當事者措置弗善。巡警道賴承裕出南門彈壓，被眾攢毆，營官楊明遠救之入城。城內外痞徒麕集，鬨於巡撫署。岑撫懼不敢出，眾益驕，聚者益多，乃斫旗杆，毀轅門，以洋油潑大門縱火焚大堂。衛隊發槍傷人，各大街皆罷市。各官吏及紳士皆集於撫署，布政使莊賡良等步行勸開市，眾稍散。巡撫上疏自劾，遽以巡撫關防授莊布政。布政不察，輒用關防鈐告示，而自稱護理巡撫，時並未奉旨也。

總督瑞澂惡湘中三司之不先電聞也，又中讒，遷怒於湘紳。疏劾官紳若干人。而王祭酒以電文中首列名，遂遭嚴譴，奉旨降五級調用，孔憲教、葉德輝、楊鞏皆革職永不敘用，德輝交地方官嚴加管束，巡撫岑春蓂、布政莊賡良、巡警道賴承裕皆革職，按察周儒臣革職留任，長沙府知府，長沙、善化二知縣，並革職留任。

方事之起，一面安撫，一面查拿孥事之人，尚易結束，曾不意釀茲大獄也。

謝維藩伉慷尚志節

巴陵謝君維藩，字麟伯，壬戌翰林，伉慷尚志節，官編修。時值畿輔水災，兩上疏諫大婚繁費，請節用以賑饑民，語切直，上優詔答之。官山西學政，復屢疏言邊事。戊寅歲饑，集同志設廠為粥以食餓者，日徒步驕陽中，懷胡餅數枚自啖，遘疾遽勿。順天府尹上其事。詔以生平善行載本籍志乘，蓋異數也。其友丹徒陸襄鉞刻其詩，曰《雪青閣詩集》，南皮張尚書薌濤先生將輯其詩，與皋蘭吳柳堂、仁和家子俊兩先生詩，合之為《三良集》。

湖北三御史

屠仁守字梅君，湖北孝感人；吳兆泰字星階，湖北麻城人，皆由翰林官御史。屠以光緒十四年十二月上疏，請皇太后收回成命，仍前聽政，懿旨嚴責，交部議，革職。吳於十六年九月疏請停頤和園工程，奏旨交部嚴議，亦革職。兩御史皆湖北人，又先後居虎坊橋東阡兒胡同。又十七年二月，御史高燮曾請行日講，奉旨駁斥。高，亦湖北人。

黃國瑾詩讖

法源寺僧靜涵，自畫小影，遍乞公卿名流題詠，常熟翁尚書、吳縣潘文勤、南皮張尚書、豐潤張幼樵副都、貴筑黃再同編修詩皆有詩。再同詩中一聯云：「白憐僧鬢垂垂短，紅妒花顏歲歲妍。」頗寓伊鬱之感。未幾奔其尊人子壽先生之喪於武昌，遽以毀卒。訃至京師，同人於法源寺為位而哭之，余亦與焉。重展舊題，可勝悵惘。編修嘗讀書寺中，其西偏室三楹，榜曰「書龕」，再同手書也。

接場軼事

舊例，殿試收卷官在保和殿左門外收卷。試日，京朝官有朋好與試者，得衣冠入，於收卷官案頭請觀試卷，名曰接場，相沿久矣。光緒癸未榜發，山東陳冠生冕書名重一時，宗室意園祭酒最器之，以大魁相期許，陳亦自負不作第二人想。接場日，祭酒偕志伯愚、張延秋、梁節庵諸人往觀陳卷。眾皆稱賞，祭酒忽啨曰：「誤矣，策中『詔』字何單抬耶？」陳婦翁廖侍郎趨視，大駭，遣人覓陳，已出矣。祭酒乃奮筆於「詔」上添「特」字，侍郎揖之而出。比傳臚，陳卷果第一。而其事頗喧傳，臺官有上言一云殿試關防不密者，於是奉旨自後由監試王、大臣於殿上收卷。丙戌，余應殿試，即在殿上交卷，見監試王、大臣於卷尾畫押，始退出，自是接場之風息矣。

梁鼎芬詼諧

是科殿試讀卷大臣復命，拆彌封，第二名宗室壽耆。慈聖諭諸臣曰：「宗室曾得鼎甲否？」副都張佩綸對「蒙古崇綺得狀元，漢軍楊霽得探花，今宗室得榜眼，可謂熙朝盛事」。諭曰：「既如此，即定壽耆第二可也。」一時副都眷倚方隆，奏對尤敏。意園祭酒盛稱於梁節庵，節庵曰：「不然，倘我得奏對，壽子年必不得矣。道光戊戌，宗室靈桂列一甲三名，成廟諭曰：『我家子弟不必與寒士爭此一名。』乃改為第四。」節庵熟於掌故，好詼諧，嘗以之語余云。

庚子鄉試

光緒庚子鄉試，各省簡放正副考官，尋以拳亂停止考試者十一省。考官多中途折回，或赴行在，或留止他省。迨十月行在簡放學政，其前放考官折回者得十一人。予子士鑒，先充湖北考官，未出京，隨扈赴行在所，亦同時拜命。明年辛丑六月補行鄉試者五省，則甘肅、廣東、廣西、雲南、貴州也。

陸襄鉞持正

陸吾山觀察襄鉞，以副貢生入貲官於汴，累擢至開歸道，以廉直名於時。丁憂起復到京。向例，丁憂實缺道服闋，吏部奏聞，遇有道員缺即蒙簡放。會有人言吳清卿中丞請尊崇醇親王典禮疏出觀察手，樞廷諸公知之，東朝亦有所聞。越年餘，屢有道缺，而簡放未及，乃歸陝西。迨庚子兩宮西幸，駐蹕西安，觀察以在籍道員隨同迎駕，姓名得達天聽。而觀察自官牧令至河道，有賢能聲。辛丑夏簡浙江糧儲道，一日有內監某至其家，以僕某薦，觀察謂內監不當與官僚接，以義折之，內監乃奪氣去，亦持正之一端也。

北京于謙祠

崇文門內裱褙胡同，舊有於忠肅公祠，初名忠節祠，即公故宅為之者，見《人海記》。歲久祠廢，淪為民居，小屋數椽，俗呼為土地祠。宗室伯希祭酒盛昱，居第在裱褙胡同；稔知其事。同里金忠甫、濮紫泉兩前輩商之祭酒，清釐故址，凡民居占住者量給貲令遷讓，於是祠址復完。鳩工庀材，重建祠宇，奉忠肅神位，以歲二月設祭，合郡人咸蒞。別建屋二十餘楹，為杭郡人應鄉會試者棲止之所。其地距貢院近也。

京師全浙會館

土地廟斜街全浙會館，舊為吾鄉趙天羽先生吉士故宅，康熙間捐作會館，雍正十二年重修，有李敏達衛、陳文簡元龍二碑。碑云：趙公歸里後，為豪強者攘踞為己物。先生之孫鶴皋，走京師訟之官，不得白，乃捐白金三千贖還。其後一被火厄，一為地震，修甍畫棟蕩為榛墟。少詹姚君聖湖、孝廉潘君荊山有志修改，值敏達入覲，捐俸為倡，兩浙搢紳共輸金成之。其旁闢室數楹，俾僧靜山居之。更百餘年，屋舍傾圮，公車來者不復僦居。光緒十六年，鄉人於南首隙地重構屋宇。最後一層曰「景賢祠」，仍舊額也，中祀趙先生及李敏達、陳文簡、清恪四公。其新構之屋曰「拄笏軒」、「綠天深處」、「紫藤精舍」，皆趙先生舊題。

按《杭郡詩輯》趙先生小傳云：「其地即月張園故址，先生築寄園以居北遊者。」吾師瑞安黃漱蘭通政撰聯云：「枌鄉萃吳越英華，各勵脩名，敢道人文甲天下；槐市繼朱查觴詠，重新別業，恰逢春闈似當年。」昔竹移居下斜街，初白贈詩，有「最愛今年春帶閏」句，是年亦閏三月，故云。青田端木國瑚嘗居藤舍注《易》，見《太鶴山人詩稿》。

京師武林會館

京師武林會館在長巷二條胡同，創自前明。康熙六年重修，有碑記其事。有扁額四：一曰「德音堂」，黃文僖公題；一為御製千叟宴詩，乾隆五十年正月賜州同加一級溫世爵、刑部司獄范紹慶；一探花沈清藻；一會魁諸以謙。其初聞為綢業公所，其後館役孫玉私售器具，並出賃收其租金，歷年久，幾無過問者。同治二年，京官呈請中城御史查筌清釐，仍歸入會館。光緒四年，以其地僻遠，乃售去，得白金二千兩，別購市屋收租息，以佐會館之用。越數年，復於崇文門西城根購阿克丹侍郎舊宅，為仁錢試館。光緒庚寅會元夏曾佑、壬辰榜眼吳士鑒，皆寓試館聞捷音者也。

藤花故事

京師楊梅竹斜街蘊和店，舊為梁文莊公故宅，中有藤花廳，昔日文莊遊宴地。讀海昌祝止堂侍御感賦長古，有「主翁一旦騎箕去，折券千緡他姓據」之句，似文莊薨後即已易主，可想見文莊清節矣。又汪文端公第藤花最盛，今則時晴齋故址無從指識。惟朱竹垞檢討海波寺街古藤書屋，二百年來屢易主人，而藤花老本故猶存也。

京師陶然亭

京師陶然亭在黑窯廠南慈悲庵內，康熙間江郎中藻所建，取白香山詩「更待菊黃家釀熟，與君一醉一陶然」之句以名之，又名江亭，士大夫宴集勝地也。曹習庵學士詩「穿荻小車如泛艇，出林高閣當登山」，情景最合。庵內有遼壽昌五年、金天會九年石幢各一。

卷三

丁澎謫居軼事

吾鄉丁飛濤先生澎，又號藥園，與仲弟景鴻、季弟濚，皆以詩名，世號三丁。先生成進士，官禮部郎中，時方冊立西宮，念無嫻典禮者，調入東省，兼主客。主客，即古典屬國也。貢使至，必譯問主客為誰？廉知先生能詩，以豹皮美玉賂吏人，吏人竊藥園詩贐之。歸國，長安搢紳以為榮。以事牽累，謫居塞外。崎嶇三千里，郵亭驛壁，讀遷客詩大喜，後車妾亦喜，曰：「得非聞中朝賜環詔耶？」曰：「上聖明，賜我遊湯沐邑。出關遷客皆才子，此行不患無友。」渡遼海，望長白，諸山上人以魚為飯糧，盡輒苦饑。河冰合，常不得汲，樵蘇不至五日，爨無煙，取蘆粟小米和雪齧之。日晡，山鬼遙啼。夜聞扣門聲，童子從隙窺之，虎方以尾擊戶，先生危坐自若。歲盡無錢，磨墨市上書春聯，兒童婦女爭以錢易書去。居東岡，躬自飯牛，與牧豎同臥起，暇輒為詩，溫厚無遷謫態。國子藩公聞其名，禮為上客。凡五載，始得歸。見林璐所撰外傳。先生詩名，人人知之，此其謫居軼事也。

周霽逸事

周西坪修撰未第時，大司寇勵公廷儀延之入幕，以石門逆書案屬為勘核。修撰得跡涉株連者二十四人，力請除名。勵公意不謂然，修撰曰：「聖主好生，豈嗜多殺，烈風雷雨，必不終朝。」因擬為奏對，而二十四人者竟得免。

後督學陝西，有妄思夤緣私諷家奴通款者，修撰既懲其奴，而憫考生之愚，思曲宥而明儆之。覆試諸生日，設瓷碗公案上，注水滿之，召其人捧而擲諸堂下。其人愕然，乃語之曰：「爾惜之乎？爾身之弗惜，而惜此區區者乎？」卒使擲之，復語之曰：「一經敗壞，能復全乎？吾與爾猶是也。忘身徇賄，其可乎？」其人免冠謝，涕泣悔罪，遂宥之。

石交

王禮堂樹，隱居北郭，有米南宮癖，收藏奇石甚富，因自號曰石交。選其尤者七十有二，梁山舟侍講書「七十二峰閣」額以貽之。後又得倪文貞公《石交圖》，喜其與己字合，懸之閣中，復摹鐫之。今石歸余家，庋之峭蒨廊，以廊外有臣石，上鐫「峭蒨」二字，不知何人題也。

田居

龔蘅圃侍御翔麟，罷歸清貧，居張駝園，自號田居，王石谷為作《田居圖》。其先，居橫河沈氏庾園。園有玉玲瓏石，宋宣和花石綱之遺也。道光間，園歸沈蓮叔拱宸，同治間歸周琳粟家勳。石故無恙，余嘗徘徊其下。旁有白皮松，亦百年物也。

大俠裘信甫

南潯莊氏私史之獄，錢塘陸麗京、仁和范文白、海寧查伊璜，皆牽連被逮。麗京弟梯霞，脫身北走，投其從舅氏裘信甫謀申救。信甫，長安大俠也，歎曰：「酷哉此禍！顧前者投牒訴誣，沉閣不上，奈何？」麗京至都，復解浙候鞫，而捕梯霞嚴。梯霞間道歸，自詣獄，父子兄弟僕從婦女百餘口相向哭，而裘信甫已陰以實情別白黑輸要路，內外無一人知者。比錄囚，呼名共二十一家，長刀遮邀，頗蹌入市，陸、范、查三家竟獲免。及信甫死，梯霞為制服三年，泣語子弟曰：「微舅氏，爾曹皆黃沙白骨也。」世盛稱吳六奇脫伊璜於難，而裘信甫事罕有知者。

郁氏東嘯軒藏書

吾杭藏書家，若趙氏小山堂、吳氏繡谷亭、孫氏壽松堂、汪氏振綺堂，海內無不知者。至如乾嘉之間，舊家遺俗，率好儲書，而名不顯著者尚多。如東城郁氏禮，字佩宣，號潛亭，錢塘諸生。家素封，藏書充牣，潛亭又增益所未備。時小山堂書已星散，所餘殘帙尚多異本，潛亭悉力購之。所居駱駝橋，去厲徵君樊榭山房一里而近，傳鈔秘冊尤夥。徵君歿後，其家出所著《遼史拾遺》手稿，要索厚價，久之不售，潛亭以四十金購得之。中間尚缺五十葉，百計求之不得。鮑廷博以文偶步至青雲街，見拾字僧肩廢紙兩臣簏，檢視之皆厲氏所棄，徵君手錄《遼史拾遺》稿本在焉，亟市歸授佩宣。棼如亂絲，一一為之整理，閉戶兩月，綴輯成編，適符所闕之數。藏書之室曰「東嘯軒」，軒額為董香光書。庭中古桂二株，相傳明萬曆間所植，交柯接葉，清陰覆簷，室中牙籤萬軸都成碧色，潛亭晨夕校錄於其間。百年以來，滄桑幾易，東城郁氏子姓寂寥，里中故老無復有知潛亭其人者。吳中葉鞠裳侍講《藏書記事詩》載佩宣事頗詳。

梁履繩玉繩兄弟

雍乾間，錢塘梁氏勳閥既顯，門才極盛，而以文莊公孫履繩、玉繩弟兄為尤著。

履繩字處素，號夬庵，於諸經中尤精《左氏傳》，嘗鐫小印，文曰「臣有左傳癖」，撰《左通》若干卷，析為六類：曰廣傳、曰考異、曰補釋、曰駁證、曰古音、曰臆說。錢竹汀詹事見之歎服。中年徂謝，未及成書。補釋一門三十二卷，採摭繁富，其子祖恩刊行之。

玉繩子曜北，號諫庵，著《史記志疑》三十六卷、《元號略》四卷、《古今人表考》九卷、《誌銘廣例》二卷、《呂子校補》二卷、《瞥記》七卷、《蛻稿》四卷，總題為《清白士集》。蓋諫庵分居塔兒巷，山舟先生書「清白堂」額畀之，因以自號。每一書成，輒就錢竹汀、盧召弓、孫頤谷諸先生商榷，故舛駁絕少。諫庵寄弟處素書云：「後漢襄陽樊氏，顯重當時，其子孫雖無名德盛位，世世作書生門戶，吾仰之慕之，願與弟其勉之。」其風尚可想矣。

顧光有惠政

顧涑園太守光，乾隆戊午舉人，以大挑知縣宰清豐，有惠政，累擢廣州知府，粵督某嫉之，遽引疾歸。後五十餘年，其邑人有禮天竺大士至杭州者，知公里居無恙，相率三十餘人登堂羅拜而去。昔時人情之厚如此！仁和湯典三禮祥，為詩紀其事。詩云：「山雞愛毛羽，志士重修名，況乃為民牧，毀譽尤易成。清豐有賢宰，吾鄉推耆英。憶昔漳衛水，一決連魏城，哀哉城下骨，尚帶蛟龍腥，賑恤招流亡，溝壑餘零丁。三上河渠書，議格終不行，紀災淚盈紙，鴻雁同哀鳴。距今五十載，父老來西陵，自言清豐民，我曹皆侯生。侯今喜健在，侯昔何賢能。中有少年子，傳聞自父兄，今幸睹侯面，恨未竹馬迎。或長跽不起，或稽首階庭，或起焚爐香，或笑或涕零。何以獻我侯，紫棗雜黃橙；何以頌我侯，壽考而康寧。我公前致問，小惠何足稱，無端念衰朽，而我愧益增，願爾為良民，願不負太平。手摩父老頂，歡愛如孩嬰。出門尚回顧，觀者填柴荊。允矣古遺愛，亦足驗民情。民情有如此，願共惜賢聲。」太守所居在東城河側，敝屋數楹，顏曰「河干廛」，自稱河干先生。

于謙不諫易儲疑案

于忠肅不諫易儲事，後人爭疑之。相傳齊次風侍郎嘗宿祠中，夢忠肅告曰：「當日諫易儲疏，留中不發，外人無知者。子異日入史館，當為我表章之。」既而侍郎果直禁廷，與修《明史》，遍檢前明檔案無之。餘姚邵二雲先生習聞其語，入館後留意搜訪，最後於通政使署得當時舊冊，有大學士于某為太子事一摺，具載月日。數百年疑案，至是始定。惜疏稿卒不可得見。按：此事又見阮文達《研經室集》及先大父《養吉齋餘錄》。

《東城雜記》

厲徵君《東城雜記》原名《城東雜錄》，見《抱經堂文集》跋云：「吾祖居在東里坊，其北則艮山門，其東南則慶春門，於東園最相近，桑弢甫先生之居在焉。先君子從幼往來，里人有雙先生之稱。後之人有續錄者，亦可以為東里重矣。吾祖居，即所謂數間草堂者也。」

千字大人頌

武林卓珂月人月，崇禎初作《千字大人頌》，錯綜成章，甚有思理。開章云：「大人御天，君子名世。立千秋基，興諸夏利。高文起家，建景閏帝。二百餘年，我皇陟位。河澄寶出，鳳舉毛從。虞雲兩旦，漢日再中。群黎作乂，列州攸同。」可謂高文典冊。篇中：「嶽伯分佐，歲星可招。貢珠盈寸，舍矢五扶。投淵潔耳，何傷盛朝。帳染墨跡，帷集書囊。武功稱甲，吉運始丁。誠推韓轂，令賞終纓。」語皆警策。枇字云：「鬱，尊黃金，膳枇素木。」枇，音匕，義取「祭用素枇也。」杷字云：「姑婦任績，夫男秉杷。」杷，田器也。

按：卓氏為塘棲望族，明季國初，門才極盛。珂月詩有刊本，他文罕見。漁洋《池北偶談》載此一節，亟錄之。吾鄉羅鏡泉以智，嘗集自來重次千文者凡數十家，珂月作亦列其中，張仲甫先生嘗為之跋。兵火以後不可復覩。

皋皋鵬鵬

家小穀太守清皋、西穀府丞清鵬，為穀人祭酒孿生子。幼時聲貌無異，家人幾不能辨，以羈角左右別之。祭酒封翁晚年目雙瞽，兩孫至前，則摸羈角呼之曰：「爾皋皋耶？」「爾鵬鵬耶？」年十七，同入縣學。後隨祭酒於揚州安定書院，命小穀與兄小西作鰣魚詩，小西句云：「安得萬錢供箸下，卻逢四月住江南。」小穀詩云：「人情爭染脂韋易，世味能消骨鯁難。」祭酒笑曰：「大兒不脫寒儉氣，要亦名士風流，八兒乃欲為強項吏耶？」一時傳為美談。

張應昌性孤介

張仲甫舍人應昌，嘉慶庚午舉人，以恭繕實錄，議敘中書舍人。中歲苦羸疾，不復應禮部試，惟以著述自娛。所著有《春秋屬辭辨例編》八十卷、《補正南北史》、《識小錄》、《國朝詩鐸》、

《彝壽軒詩鈔》、《煙波漁唱》。同治九年，詹事府詹事夏同善、通政司副使朱智、鴻臚寺卿許庚身奏進《春秋屬辭辨例編》，特蒙「耆年好學，甚屬可嘉」之諭。老年子姓彫落，招嗣子嗣孫，憑屋菜市橋東，榜其門曰「家傳孝友，里近忠清」。蓋所居近忠清里，距吾家僅百武耳。晚通禪悅，腰腳轉健，年七十餘猶步登韜光，為詩紀之。

舍人清貧而性孤介。杭州東城講舍，薛慰農太守創設，制義外兼課經解詩賦。太守去官，即主講席，繼之者為海鹽張銘齋先生。先生歿，里人有言於郡守，欲延舍人主講者。舍人辭不就，自言年哀耄，經義詞章皆荒落，豈足勝講授之任。顧家無儋石儲，其嗣子雲齋浼余勸阿翁勉就此席。余知不可，而雲齋固以請。一日從容謁舍人語此事，舍人厲聲曰：「兒輩不曉事，即長官延聘，我必堅辭。必強我，當以死拒之。」余斂容歎服。時又有薦會稽李蓴客來主講者，李亦辭不就。後見《越縵堂日記》，言杭州張舍人謀此席甚力，不欲與爭，此則傳聞失實。舍人介節，余固親見其事親聞其語者，不可不為辨之也。

龔麗正鞫囚

龔闇齋觀察以部曹直樞廷，屏絕華侈，退直輒閉戶讀書，時人有熱官冷做之誚。外簡徽州知府。調安慶時，奉特旨搜捕教匪餘黨，皆有真姓名。安徽州縣有緝獲解省者，皆令首府親鞫之。公察知累累梏梏者皆非真教黨也，謂諸囚曰：「予當為若輩申教之。」乃寓書大司寇戴簡恪公，陳所獲逆黨冤誣狀。戴公答書曰：「此十數人者，皆上書名指拏之人，未可輕縱。」於是諸囚皆棄市。制府百文敏公以獲匪案上章臚薦，列公名居首，公馳謁文敏辭官。文敏曰：「爾之來，吾知其為辭保也。然安徽一省，官半登薦剡，豈可獨遺首府？若以此去官，尤不可。」公曰：「不去官猶可，若一條血翎子，則斷斷不敢受也。」文敏曰諾，遂刪公名，而心益器公。明年具疏密保，尋擢授蘇松太道。同官中以此案升擢賞翎枝者，三年內皆病死。公旋乞歸。

六十一歲時，患脾泄幾瀕於危，恍惚見前囚十餘人至，呼冤不置，公曰：「爾等之死，由某某輩邀功也，何仇我為？」曰：「某某等均就冥誅矣，公許救我而不救，豈得無憾？」公曰：「余上刑部尚書牘稿故在，余無力救爾等，固吾之憾也！」命家人檢原稿焚之，囚遂散去，疾遂瘳。壽七十五歲而終。公子寶琦述其事，且言公七十生朝，兒孫奉觴為壽，公猶舉前事為戒云。

讀書人家

魏春松御史成憲，官臺諫，以清介聞。嘗召見，垂問家世。上曰：「汝讀書人家也！」御史因倩人繪圖，顏曰「讀書人家」，以誌恩遇。晚年主講紫陽書院，課文字外，時時以讀書立品為諸生勖。先大父贈詩，有曰：「平生但識忠孝字，為報門生休問奇。」

曹籀說經治小學

仁和曹柳橋丈籀，初名金籀，字葛民。少工詞章，三十後一意治經，嘗言治經宜先通小學。生平專精許書，於群經尤致力《春秋》，篤好穀梁家言。年五十，成《春秋鑽燧》一書，多用穀梁義。著《說文訂訛》稿，焜於兵，所存惟「古文原始」一卷。晚年裒前所已刻書，及亂後所作文字，彙為一編，名曰《籀書》。

道咸間居城東，地饒水竹，近南宋紅亭醋庫遺址，與里中諸老結紅亭詩社。久之，移居皋園之西偏，顏其室曰「市隱草堂」。同治初，徙居鹽橋之東賀衙巷，於宅東隙地闢小園，榜曰「臥霞」。先大父戊辰歸里，丈與張仲甫、高古民兩先生時相過從。余撰杖侍談，嘗呼余為小友。年七十矣，高睨大談，意氣如少年。惟喜謾罵，人多疾之。

歲丁丑，與族侄舉人曹鴻藻構訟不勝，著《三世聞見錄》，臚列巡撫、布、按、道、府、仁和知縣、場大使諸人姓名，分為陽類陰類，加以評騭。蓋以陽為君子，陰為小人也。書詞拉雜，頗類風狂。於是布政衛公榮光言於撫軍梅公啟照，請窮治，撫軍以屬按使升泰。升泰飭仁、錢二縣逮之。時丈已病，疽發於背，金丈曰修出為緩頰。翌日而丈遽歿。乃逮刻字匠，焜其版。撫軍奏聞，褫候選訓導職，以原書諮軍機處備案。余時在里中，竊歎諸當事以褊衷而摧抑一文儒，殊無謂，又歎丈已經生耄年，晚而不能以道自守，卒用文字賈禍，為里黨所訾，可深惜也。

譚復堂日記嘗痛詆之，稱為曹老人，謂其實不知學，此又文人相輕之習。丈嘗入京師，年五十時，吳縣潘文勤師壽以聯曰：「代推小學有達人，天假大儒以長日。」語極推重，蓋說經治小學，文勤固深佩之也。

富陽董氏絕而復續

富陽董文恪、文恭父子，為一代名臣。文恭既正揆席，嘗圖形紫光閣。川陝平，賜騎都尉世職。年七十九，薨於位。睿廟臨奠，御製輓詩，中一聯云：「但有詩書貽子侄，絕無貨幣置莊田。」並命刻詩墓次，以示後人。數傳而後，子姓乏絕。文恭孫婦邱安人，煢煢居京邸。同治己巳南歸，謁祠墓，稽譜牒，以族孫瑾承殤子繼曾。後瑾有末疾，不能備宿衛，其子長齡，是為文恭五世孫，當襲世職。先大父與許信臣中丞，高辛才、濮少霞兩觀察，請於巡撫楊公疏聞於朝，先臣之門絕而復續。而邱安人力綿宗祏，動合禮意，亦可謂賢矣。

鐵華吟社

族伯父筠軒先生自江西告歸，與里中諸老結鐵華吟社，起戊寅訖乙酉。湖山踼宕，余亦常侍末坐。社集以湖上為多，因於永賴祠側遺安室，榜曰「鐵華吟社」。先生自為跋云：「昔童參政創西湖八社，凡南北山勝處，悉麗壇坫。吾社乃僻在一隅，隘矣！然柔艣輕輿，惟意所適，舉湖山之寥廓幽邃，以供吾儕之嘯詠，有日貢其奇而不竭者，是八社廣而吾社未嘗隘也。同社諸君抗懷往事，有內史今昔之感，謂宜署榜，以詔來茲，於是乎書。光緒十年上巳。」

王文韶天資過人

仁和王文勤公入樞府，由吳江汲引，頗為清流所抨擊，尋乞養親歸。以滇案降官。服除，即家拜湘撫，擢滇督，再蒙特召，又出督直隸，未幾復召入軍機。庚子之亂，兩宮西狩，文勤懷軍機處印，單車追及至懷來，扈從入秦。自是東朝眷倚益降，恩禮優渥。年七十七告歸，命馳傳歸。戊申家居，聞兩宮升遐，隨班哭臨，遂疾篤薨於里第。生平相業無可稱述，然當己庚之間東朝意主廢立，嘗示意文勤，文勤力陳不可；庚子拳匪之訌，亦頗諫諍，幾為端王諸人所誣陷，微榮文忠力保全之，亦與袁、許諸公同棄柴市矣。

余嘗得文勤日記數十巨冊，皆其官京師及鄂、湘時所紀，論人論事皆有識。在鄂臬、湘藩、湘撫任，公餘無日不觀書者，老輩固不可及。又辛未三月某日日記一則，云：「郭子美軍門來晤，近以省親不先請旨，飭部議處，語次頗自儆畏。因以君父之恩、臣子之分，迎機而善道之。並為言到此地位，惟以忠君敬上，虛己下人，乃為人所不可及，若以勳業日多，兀傲自喜，便使人一覽無餘矣。渠聽之悚然，感佩之情溢於言表。因知其天資過人，本屬一時奇傑，再能斂才就範，尤為不世之才。國家禦侮需人，所貴有以善全之也。」讀此數語，可想見其愛才之篤，待友之誠。

徐業鈞夫婦

余從祖姑母歸山陰徐公業鈞，字鴻冶，以名孝廉出宰山左，所至多善政。平生篤學嗜古，尤長於詩。從祖姑母字月蕖，善度曲，兼工詩詞，閨中酬唱為樂。公試京兆，從祖姑自蜀寄五古一章，公既和之，並以長箋合寫寄歸。公屢困場屋，嘗有《下第過臨邛題壁》二絕句曰云云，一自諷，一自解，胸次卓然，吐棄塵俗，宜其卒為良吏也。

葉貞甫不就勝保之召

葉貞甫丈答友人辭絕勝營諮軍書云：

新雨乍晴，欣奉手教，得與諸君子賜書，並讀一過。竊以為愛之太深，知之轉淺；期之太厚，待之轉薄。古來士大夫行止去就，視所向之枉直邪正以為斷。柳下惠不易介，介之推不言祿，各行其志，良非得已。孟氏說：「說大人則藐之，勿視其巍巍然。」此言可說之大人也；若不可說，則直藐之，並不必有巍巍之見存。《易》曰：「不事王侯，高尚其事。」此言不可事之王侯也；若可事，則無損吾志，又何必有高尚之見存？觀人觀己，惟慎所從。見理欲圓，立品欲方。成心不可有，定識不可無，持躬處世，俯仰乃適。今使孤雲出岫，託足便非；小草向榮，屈節以就。斤斤於趙孟之貴賤，即頂上轉丹，腰間佩紫，不過朝華夕落，身世浮漚已耳，是何足為榮辱哉！

至所言不能忘情，得無告者過乎！夫以覿面不識之人，有雲泥相隔之分，何情之有，何不能忘之有？此中推挽固自有人，然而聖門亦仕季氏，何以費宰獨辭，不強以同聲之應；宰我欲窮仁者，畢竟從井不可，難罔以非道之端。區區一官，位誠卑矣，而不可卑者，氣節；職誠小矣，而不可小者，器識。彼可以勢焰熏灼威力制馭者，無他，人惟心目中時時有烏紗在，患得患失，徬徨於寤寐，畏首畏尾，固結其功名，斯可以受風雲之叱吒，而以是為雷雨之經綸，僕則不能也。生長儒家，稍知廉恥，硜硜之見，決不可移。以故郵檄七至，封泥在完，懵不知其所言何事。

邀伽婦縱窮魔技而來，信天翁自有知命之學。彼而劾我，我不怨之；彼不劾我，我亦不德之。前則句留淇右，禰衡之刺遲通；今將長嘯蘇門，淵明之腰不折。青氈一片，待賈而沽，未始不可娛菽水，況貧乃士之常！年來抗塵容，走俗狀，欲捧毛生之檄，依然范叔之寒，則即屠刀放下，寶山空回，尚可立錐，何愁餓莩？行素居易，此衷夷然。

蒙書來殷殷俯教，此皆愛我期我而勸我者，敢不徑遂披瀝，暢其所欲言；若泛泛者交，則惟謝之曰「某不敏，負明公教，自知暴棄，行當待罪泉麓」而已。蛙蚓微吭，鳴不驚人，鷗鷺閒心，伸於知己。統惟鑒察。不具百一。

丈有才名，時勝克齋保方督師河北，欲羅致幕下，勝驕蹇慢士，丈逆知其必敗，故堅不就召也。

陳善著述不傳

陳扶雅先生善，嘉慶辛酉舉人，治經學，為古文辭。十應禮部試，卒以大挑官教諭。晚入汪氏東軒吟社，與先大父相酬唱。其歿也，莊芝階舍人為之傳。先生孫學繩，字硯傳，工駢文，為人掌書記。咸豐辛酉，客浙布政使幕，遭寇亂，轉徙江北。嘗著《兩浙庚辛紀》，略言賊陷浙事，與《平浙紀略》及《談浙》諸書小有異同，然當時在幕中，見聞固較真也。後有自述駢文一首，注云：「先曾大父諱祖蕃，字古歡，著《傳信閣詩稿》。先大父諱善，字扶雅，著《研經日記》、《四書古義》、《晉書校勘記》、《兩晉疆域考》、《福建通志列傳稿》、《損齋文集》。先大母汪，諱玢，字孟文，著《古韻軒詩稿》、《竹閒書訣》。先君子諱錫，字子諒，著《省園詩文集》。」又藏書五千餘卷，金石碑拓書畫數百種、武進張皋文編修《虞氏易》等稿本十三種。城破，皆燬於火。先生嘗從皋文遊，以所著《周易虞氏義》九卷、《易氏消息》二卷畀先生。皋文卒，言於太傅儀徵相國為刊行之。而先生及其先人著述，今悉不傳，良可痛惜。

查奕照詩酒自娛

嘉善查禮齋先生奕照，又號丙塘，自號龍山老樵，初白老人曾孫。少壯奔走四方，為人司章奏，阿敬敏公、百文敏公尤敬禮之。以薦，得淮安府同知。棄官歸里，以詩酒自娛，年八十九卒。著《東望望閣詩鈔》二十卷、《滕琴館詞鈔》一卷，別有《敬業堂詩集注》，惜未刊行。詞鈔中有「慶春宮」一闋，題云：「余年二十六，客京師，始從高慕陶習琴。嘉慶初，遇武林李玉峰手授十二曲。玉峰，為海內第二手，曲盡指法之妙。蓋於今四十年矣，吾鄉人今殆無知有李玉峰其人者。」

黔語與黔陽雜詠

先大父官黔久，嘗著《黔語》二卷，可繼田山薑、張介侯兩《黔語》之後。慶坻刊於京師；在蜀以贈陳衡山大令，刻入叢書。光緒癸卯使滇，往來經黔郡縣，周覽巖洞，諮訪人物，證之舊聞，往往而合。顧兵火之後，文獻無徵，往時鄭、莫兩家流風餘韻無復存者，可為喟息。楊大見心以其尊人雪漁編修手書《黔陽雜詠》五十首卷子示余，讀之如理故籍，如賡昔遊。詩中所紀黔中掌故，有出於田、張二書之外者，足為後來志乘取資。憶余滇行，兩經安順府，假館試院，見雪漁所書啟秀堂匾、楹帖，嘗有詩云：「山城日暮暫投裝，墨妙重瞻啟秀堂；羨煞故人歸隱早，十年清譽滿蠻鄉。」今讀此卷，而雪漁墓有宿草矣。

楊文瑩三事

（一）

楊雪漁編修家遭粵匪之亂，盡室自燔，孑身跳免，轉徙至漢口，始得以教授自給。嘗館大冶縣易培初大令所。值縣試屆期，忽一魏姓介易之司會計者求見，雪漁謝之。越日又至，延入書室，則縣署所與交易之錢肆主人也。既而促坐，密語曰：「縣試在即，某有子某某，前官縣試曾列案首，不得入泮。今又將試矣，君為官閱試卷，幸提挈之。縣官清正，不敢干，故敢以私請。」雪漁拍案起，曰：「汝視楊某何如人？官清正，我乃不清正耶？」某惶愧走出，君遽告大令。大令立傳其人痛斥之，監禁至試畢始釋。

（二）

雪漁生有自來，其告終之前數日，寢疾作譫語，言有僧徒多人來相迓，頻作拱手狀。又言前身為某寺僧，名寶光，號普慧。又時時沉吟數語，曰：「曲罷當筵，人生一世，鶴來華表，瞬息千年。」若自輓，若偈語，殆所謂去來了了者歟？

（三）

庚子袁太常之喪歸杭州，雪漁撰聯語輓之曰：「時局艱哉，讀三疏洋洋，禍福不可知，盡犬馬愚誠而已；男兒死耳，歎孤忠耿耿，是非終有定，問春秋直筆何如？」此事弔輓，措辭最難，此聯可謂得體。

沈偉田有惠政

歸安沈羲民先生偉田，道光丙午舉人。咸豐庚申官吳縣知縣，有惠政。粵匪陷蘇州，先生守死不去。賊至，痛斫之，身受十七創，暈絕。一老人救之而甦，掖之出。自投於河者再，蘇人多德先生者，又救之，護持至滬，與母夫人重相見。先生精於醫，懸壺市中，以供甘旨，自號曰醫隱，又曰再生子。其《見母》詩云：「有母六十九，視我傷遍身，痛不在我體，乃在我母心。」其《書憤》詩曰：「此仇不能報，此罪何從贖，搔首問蒼天，浩劫何太酷？」其後李文忠公知先生有循聲，且以抗賊受刃傷，當時以知縣不知下落入告，文忠乃專疏據實以聞，請復原官，補江陰知縣。光緒初，母夫人壽九十四，先生六十一矣。母九十七而卒，先生服除不復出，壽亦逾八十。先生鄉舉後恆寓杭州花園巷，與先君子訂交，余垂髫時常見之。光緒丙子謁先生於江陰，見額際項間創痕猶在云。

水月老人

艮山門外百步塘，有水月庵，水月老人故居也。老人孫姓，名文，字文石，號水月，會稽諸生，隱於杭，榜所居為「梅園」。性恬靜，一介不取，間為長短歌詞。問其年，嘗稱九十。髮盡禿，人多以僧呼之。沈陽范忠貞公撫浙，嘗訪之。老人昔從忠貞大父遊，時忠貞尚幼，老人撫其頂曰：「是兒當建節吾土，吾猶見之。」至是，忠貞太夫人以告，忠貞遂物色焉，屏騶從往，數與縱談，捐俸為建百步塘，勒石紀之。時西溪多虎患，老人語忠貞曰：「山頭大蟲任打，門內大蟲休惹。」忠貞遷閩督，老人又言曰：「耳後火發時，需要有主意。」其後忠貞竟死耿難。老人素不喜與世事，及是，人以為前知，爭就之。老人益厭惡，避去，不知所終。土人改其居為水月庵，肖老人若僧象，召其徒奉之為香火院。王文貞《池北偶談》稱之為水月和尚，蓋當時固誤傳為僧也。家穀人祭酒嘗與黃相圃、姚春漪至其地，皆有詩。逮今百年，無復有知者也。

厲鶚墓

樊榭徵君墓在西溪法華山下王家塢，嘉慶十四年里中諸老葺之，為置墓田，付交蘆庵僧常源，為納糧供祭之用，歲以春秋酹酒澆墓。家祭酒穀人先生撰記，山舟學士書之，蔣蕗村請阮文達公書墓碑，文達有詩記事。徵君無嗣，其栗主不知何時供奉於湖墅黃文節祠。道光九年，趙雩門鉞、蔡木龕焜、李西齋堂，與同里諸老，以徵君墓在西溪，主宜近祔，乃移奉交蘆庵，以姬人朱氏月上祔祀其側。月上主，蓋徵君手書也。時胡書農學士有文記之。今諸文詩碑石尚存，而栗主經亂焜失。同治間，道州何子貞丈來遊交蘆庵，乃補書徵君及月上二木主，里人奉祀於寺之東偏。松生丁丈，及以奚鐵生畫《西溪圖》卷子及高邁庵、錢松壺、戴文節諸畫卷付與僧藏之。光緒間，里人增設徵君夫人蔣木主同祀。龕中又增一龕，祀杭堇浦先生及其夫人、二妾。杭、厲同時，又皆無後。溪山勝地，神靈往來，重賴後賢，香火不墜，亦禮所宜也。惟杭先生墓相傳在大馬山，汪子用丈求之累年，竟不可得。

桑孝子祠

桑孝子祠在杭城觀橋街，有石坊一，祠祀錢塘孝子桑天顯。天顯字文侯，居大樹巷，鬻糍筒為業。性至孝，父病膈，天顯合羊脂和粥以進。及父卒，乃抱鐺日夜泣，人為繪《桑孝子抱鐺圖》。歿後，里人私謚曰孝勇。弢甫先生，孝子子也，雍正間召試，通知性理，賜進士，官工部屯田司主事，薦試博學鴻詞。弢甫子繩球，字夔石，諸生，有《青桐書屋學語》。弢甫之經營建祠立坊也，集資未成，繩球節嗇修脯，積錙盈千，將以成父志。未幾病亡，遭胠篋，其後里人乃為成之。咸豐間寇亂，祠焜坊存。同治間，里人醵貲重修，歲時奉祀，用資觀感。余居里中，每經行坊下，輒肅然起敬。世風日敝，倫紀蕩然，亟書之以詔來者。

桑調元號五嶽詩人

弢甫先生幼嘗受業於勞餘山，及壯益究心宋儒之書，性孤潔。方官水曹，歸寓輒反扃其戶，以杜雜賓。乞養歸，闢餘山書屋於東皋別業，著有《論語躬行實踐錄》。歷主大梁、道山、濂溪、歷下講席，執業者咸稱桑門弟子。好山水遊，日能步行百里，遍陟五嶽，自署獨往生，又號五嶽詩人。所至吟詠成帙，洞庭、嵩山、華山、泰山、衡山、恆山、閩嶠諸集，皆紀遊之作也。

西溪花塢

西溪花塢在開化涼亭之左，地極幽邃，修篁古木，不漏日色，中多梵氏居。其可資遊憩者：曰六齋、曰在澗庵、曰眠雲室、曰九松精舍、曰休庵、曰梅溪庵、曰溪飲庵、曰怡雲庵、曰肯庵、曰飲峰庵、曰樹雪林，曰白雲堆，凡十二處。

報恩寺

報恩寺，唐元貞間建，在萬松嶺下，咸淳《臨安志》：「報恩院，紹定間御前承應者也。」元至正間築城，移建大井巷，並入海會寺。成化間仍徙故址，有舞鳳軒、萬菊軒、銅井諸勝。弘治十年，參政周木改寺為萬松書院。僧寂源於萬曆壬子改建南山楊梅嶺下，名報恩庵。見《西湖志》及《武林梵志》。今則問報恩寺已無知之者。惟鳳山門外有庵一，屋宇湫隘，繚以土垣。其中地頗平曠，多植桃樹，花時絳雪彌望，嘗與丹徒戴壺翁攜茗具往遊焉。

黃庭堅祠

黃文節公祠在杭城迤北湖墅，舊名青莎里，有村社曰蘇家廟，相傳其神為山谷，何徵君春渚書「黃文節公祠」額榜於門，建清風閣於祠後。按公宦跡未嘗至浙，而吾鄉社而祀之，故老相傳，未知何據？兵火而後，祠亦廢矣。

永賴祠

永賴祠，祀明浙江巡撫龐公，在鳳林寺右。祠久廢，光緒初，烏程龐芸皋雲鐠捐資重修。祠側有遺安堂、飲淥軒、雲抱水邊樓。鐵華吟社即附設遺安堂之後。龐公，南海人，嘉靖癸丑進士，治浙行一條鞭法，民德之，為建祠。祠有萬曆十六年立「侍御龐公遺愛碑」，陳善書。

竹素園

左文襄公祠為竹素園故址。世宗憲皇帝嘗御書「竹素園」匾及七言聯以賜，中多亭館，其題額曰「湖山春社」，亦舊題。雍正九年總督李衛創建，以祀湖山之神。曰香泉室、曰最景樓、曰臨花舫、曰水月亭、曰桃溪深處、曰流觴亭、曰觀瀑軒，皆舊名也。辛亥以後祠廢。

履泰將軍

丁家山下先塋之左，舊有履泰將軍廟。問其緣起，罕有知者。後閱《武林舊事》，西湖三堤路有履泰將軍廟，注云：「有天澤井、葛仙翁所植古松。將軍錢唐人，姓孫，名顯忠，仕吳越時。嘉熙中，趙與歡尹京禱雨有驗，奏聞，因敕封天澤侯。」

岳飛宅

《香祖筆記》云：「杭州臬署本宋岳忠武王宅，東偏有王祠；祠後又有一祠，並祀文信國及元伯顏；養濟院則祠嚴嵩為土地，皆不知起於何時。」

按：岳王祠今尚存；文信國祠後移於西湖三臺山，見《兩浙防護錄》；養濟院已廢。

杭州府署土地神

杭州府署土地神，相傳為蘇文忠公，集公詩語為靈籤，事涉傅會，然瀆公甚矣。京師翰林院衙門，以韓文公為土地神，其不經正相類。先大父詩云：「生前遭遠斥，死後辱卑棲，如何磨蠍恨，生死似昌黎。」

安定學堂

葵巷，南宋時名癸巷，不知何時訛作葵。地鄰東城，有吳氏舊廬。沈輔之丈映鈐自嶺南歸，得此屋，葺而新之，名曰間園，築室三楹，顏曰「退一步想」，庭植牡丹數百本，花時宴客，極觴詠之盛。丈歿後，售於官，改為敷文講廬。時吳左泉工部主講敷文書院，以萬松嶺僻遠，於此別設講廬，為諸生擔簦負笈就學之所。書院廢，胡氏得此屋，改建安定學堂。

金衙莊

金衙莊，為前明金中丞學曾別業，國初歸餘杭少司農嚴公顥亭。司農孝友，以祿不逮養，題所居曰「皋園」，用誌皋魚之痛。地傍城隈，水木明瑟，為城東冠，中有梧月樓、滄浪書屋、跨溪、小太湖、墨琴堂、綠雪軒、夫容城、怡雲亭諸勝，乾嘉諸老恆於此遊賞。道光初，歸章文簡相國，後又為嚴小農河督烺所居。咸豐兵火，園燬，樹石無恙，吳梅村書「滄浪書屋」匾尚存。同治初，吳曉帆、濮少霞、陸存齋、萬篪軒四君購得，榜曰「四間別墅」。未幾，鬻於官，改八旗會館，既改建浙江忠義祠，設採訪忠義局。祠側餘地，建前學政張文貞、前布政繆武壯二公祠，又別建張文節公祠。文節直上書房，以寇亂假歸省親，圍城中，賦絕命詩自經死。

忠清里

忠清里，舊名昇平巷，北為褚家塘。明正德十五年，巡按浙江監察御史唐鳳儀建忠清里坊。時胡世寧起徒中，拜湖廣按察之命，鳳儀欲為建坊，世寧謝曰：「賴主上寬仁，得免罪戾幸矣，何以坊為？唐有僕射褚公，里人也，當時諫易后，忠莫大焉。我明四川按察僉事王琦、兵部郎中項麒，皆與同里，清望重一時，世寧願為之執鞭者也。若移樹坊之工為三公表世教民，所益良厚。」鳳儀感其義，遂為樹「忠清里」坊於塘南巷口云。見萬曆《杭州府志》、姚靖《西湖志》。

揚清祠

揚清祠，嘉靖間提學孔光奏建，祀王公琦、項公麒。琦以四川按察僉事告歸，清介絕俗，枵腹以歿，諸孫貧至為傭。麒官兵部郎中，文學孝友，以疾歸，四十餘年閉戶以終，一子貧贅依人。胡端敏言：「舉世尚通達而賤方介，以致二公泯沒無聞。」乃請於官，立坊以表章之，而二公之名遂與褚公並傳。逮今數百年，屢　尾屢建。過其祠者，咸景仰流風不置云。祠有夏壽嵩重建祠碑、同治初仁和知縣姚光宇重修祠碑。

岳官巷

余家居岳官巷，考巷名所自，不得其說。後讀汪槐塘沆文集《殳贈君家傳》云：「殳氏，於宋建炎間自汴徙家鹽官，不知何代復徙省城。相傳前明中葉，有孝廉雲橋與從弟龍山，並官司訓，居貢院東。今所稱學官巷，是其舊址。」乃知岳官為學官之訛。殳氏後遷居大方伯里。贈君名漣，字千波。子荃，乾隆己卯舉人，官盧氏知縣。考嘉靖《仁和縣志》，此巷舊名打鐵小巷。

目耕園

忠清里有趙松谷殿成目耕園，具泉石花木之勝，後歸沈氏。沈名清藻，字研香，乾隆乙未一甲三名進士，里人皆稱為沈探花家。光緒初，歸永康應敏齋寶時，疏泉疊石，多蒔名花，榜曰「適園」，中有憩鶯花館、豆花疏雨山房諸勝，劍州李榕為之記。

西湖諸別業

承平時，士大夫於湖上築別業供遊賞者，不可殫紀，如徐文穆清風草廬、翁蘿軒白雲山房、孫景高寶石山莊、陶篁村泊鷗山莊、錢叔美野鷗莊、朱彥甫長豐山館、黃霽青小竹林、潘紅檪怡綠莊、汪小米水北樓、錢秋峴綠楊村舍、王安伯小輞川，其最著者。興廢不常，至咸豐庚辛之亂，蕩然無一存者。光緒間，高白叔舍人築紅櫟山莊，地為明戴大有讀書處，有且住軒、小仇池室、藏山閣、鷗渡、田田榭、聽雪、犖確亭諸額，室宇精潔，樸素無華，騷人墨客每樂宴遊於此。

杭州諸詩社

吾杭自明季張右民與龍門諸子創登樓社，而西湖八社、西泠十子繼之。其後有孤山五老會，則汪然明、李太虛、馮雲將、張卿子、顧林調也；北門四子，則陸藎思、王仲昭、陸升黌、王丹麓也；鷲山盟十六子，則徐元文、毛馳黃諸人也；南屏吟社，則杭、厲諸人也；湖南詩社，會者凡二十人，茲為最盛。嘉道間，屠琴隖、應叔雅、馬秋藥、陳樹堂、張仲雅諸人有潛園吟社，而汪氏東軒吟社創於海寧吳子律，小米舍人繼之，前後百集。舍人刊社詩為《清尊集》。戴簡恪寓杭州天后宮，有秋鴻館詩社，亦駸駸靳焉。潛園、東軒皆有圖。《東軒吟社圖》，費曉樓畫，今尚存；汪氏《潛園圖》，則不可得見。咸同以後，雅集無聞。光緒戊寅，族伯父筠軒先生創鐵華吟社，首尾九年。先生歿，而湖山嘯詠風流闃寂矣。

浙江重宴鹿鳴十五人

國朝浙江重宴鹿鳴者：康熙丁卯周天象，丙子吳大煒，甲午萬承式，附癸巳恩科錢家壁，丁酉趙世玉；雍正癸卯陳克鎬，己酉吳嗣富；乾隆乙卯附丙辰恩科馮浩，戊午顧光、范崇棨，乾隆丁卯梁同書，壬午余集、袁枚，乾隆丙午汪農；嘉慶庚午張應昌。張先生以同治庚午重宴鹿鳴，是科考官為順德李公文田。李公鄉試舉主張惕齋興仁，先生從子也，以門下門生禮來謁。先生有紀恩詩，裝作冊子，李公署其冊首曰「國朝浙榜重宴鹿鳴第十五人」，並繫以詩，一時和者甚眾，亦鄉邦故事也。

西湖多遺老

西湖山水甲天下，鼎革之際，勝國遺老隱姓名遁跡湖上者尤多。先高祖《杭郡詩輯》無名氏一卷，據夏基《西湖覽勝詩選》所載，得二十四人：曰閉戶先生、曰河渚生、曰花間散人、曰靠天翁、曰墨憨、曰晁友、曰泊庵、曰漱石翁、曰粹庵、曰渡船翁、曰焦梧生、曰龍井山樵、曰煙水客、曰天容子、曰小林逋、曰竹逸、曰心庵懶叟、曰松窗書史、曰甓庵、曰藤石、曰山澤癯叟、曰拙存生、曰藝園遺老、曰長嘯客，是殆月泉吟社之流，不僅膏肓泉石也。

卷四

方孝孺後人

方正學先生被難時，有魏典史澤者，匿先生幼子於笥中以出，適外家陸氏。時籍禁方甚，不可留，乃變姓名居江陰，缺方字之末筆而為六。幼子名朗，避難時才四歲。至本朝嘉慶間，十四傳矣。六承如字賡九，為李申耆先生箸錄弟子。《明史》惟云先生二子皆自經，不云更有幼子。六氏譜云：「朗尚有兄曰德宗，避松江，更姓俞。」申耆先生為賡九題正學《讀書箴》，詳識顛末，必有依據。今浙江候補知縣六某，亦其裔也，有小印曰「正學後人」。

姚湘為僧

姚湘字夢峽，餘杭人，明季諸生。明亡，不肯剃髮，隨金堡飄泊楚、粵。堡以事繫獄，出獄後為僧，夢峽不知所終。《船山年譜》云：「湘，附《永曆實錄》金堡傳。」船山有《答姚夢峽秀才見柬之作兼呈道隱黃門》，此詩編入順治七年庚寅，明桂王永曆五年也。

毛大瀛工詩

先曾王父《小羅浮山館詩》有《哭毛海客七言長歌》一章，蓋知簡州殉土寇之難者。海客名大瀛，寶山諸生，善屬文，工詩，試輒不利，五十外以薦舉得宮。教匪起湖北，蹂躪河南、陝西、四川，大府奏毛隨營，以功擢知縣，尋知簡州。土賊復發，城守逾時，援不至，城陷，罵賊不屈死。著有《戲鷗居叢話》。洪北江嘗記其客山東巡撫國泰幕事，則海客固振奇人也。其孫嶽生，有文名。

張中寅善書

張古虔司馬中寅，大興人，道光十五年舉人。咸豐初，以同知候補蜀中。善書，學顏魯公筆意。先大父嘗乞司馬書楹帖，余頗珍異之。近得司馬之子林所為行述，及《順天府志·先賢傳》，知司馬官松潘直隸廳同知，咸豐庚申番夷叛，城破死之，事聞，贈道銜，給世職，於陣亡地方暨原籍建專祠，入國史忠義傳。書學平原，忠亦似之，昔人言心畫可以見人之性情氣節，諒哉！

朱光縉戰死

朱光縉字侶喬，浙江錢塘人，以府同知需次蘇州。咸豐十年春，蘇垣告警，前署布政使蔡映斗督兵防堵平望，光縉為之副。及賊至，或勸之走，光縉曰：「此固不足以守，然大吏勉吾死守，義不可不死。且城已破，吾母度必死。母死不能救，又不忠於所事，是重吾罪也。」乃率勇丁逆戰一晝夜，死者相枕藉，遂揮佩刀刺賊目，因被害。母吳氏、妻戴氏、妾楊氏等，城陷日皆投池死。

倪霖好騎射

成都浙江會館中，祀浙人宦蜀有政蹟者，而以死勤事別立一龕，中有倪公霖死金川之難，吾邑人知之者罕，謹錄之。倪霖字雨蒼，仁和人，偉姿容，好騎射，性落拓不羈。納貲為縣丞，分發四川，署巴縣丞、木洞巡檢，補西昌丞，權簡州州判。金川軍興，檄調軍中，為登春營巡捕官。霖採知降番欺飾狀，請移師就大營以壯聲威，毋為敵誘。木果木之變，又請由美臥溝間道出攻賊眾。謂其卑官好紛呶狂誕，幾至窘辱，霖憤歎不已。迨登春營出戰，霖荷戈從戰死事。具《西昌縣志》。

曹燮坤禦敵而死

仁和曹燮坤，官廣西全州知州。咸豐二年夏，洪秀全大股北竄犯全州，燮坤誓死守半月。賊盡銳來攻，援絕城陷。死之。見沈映鈐《退庵隨筆》。

沈耀章血書求救

沈耀章字鳳臺，錢塘監生，咸豐十年署雲南永川知縣。賊攻永川，縣無兵，耀章齕指血書「速救永川」四字，遣人疾馳詣四川重慶鎮總兵某乞援。兵久不至，城陷遇害。沈壽榕《玉笙樓集》有《弔沈君詩》。

華學本被賊所戕

華學本字惺子，仁和諸生。與餘杭令某善，招入幕中。軍事起，餘杭當賊衝，縣城防守頗倚之。咸豐辛酉，杭州再陷，學本方里居，挈其妾楊投井。賊猝至，妾先入井死，學本被戕。

王臺異聞

陸文烈公官湖南按察使，與余善，喜劇談。嘗言其官撫寧縣學教諭時，江蘭生太守槐序方知撫寧縣事，議修城，招學官紳士集議。是夕，公夢一人來謁，名刺書「王臺」二字。既入見，曰：「今日議修城之江大令，即吾後身也。吾於明季官此，李自成寇邊，撫寧城圮不可守，乃具牛酒犒師去。自成一片石敗退，復過此，則吾城守已完，力卻之，即甲申歲事也。今江令來踵修，吾意良慰。」因書一長聯畀公，末有「補前身未了因緣」語，且曰：「吾修城有碑記事，在南門甕城中。又有生祠，在城隍廟側。」翌日，公以語江，江色變，良久乃能言。公歸，檢縣志，明末縣令有王臺。訪南門，碑故在。訪祠，已傾圮，而故址猶存。因為葺祠宇，書楹聯云：「補前身未了因緣，是幻是真，吾不信也；考我公當年政蹟，以享以祀，禮亦宜之。」次日，又夢其人復至，曰：「子疑我晚節之不終乎？我以不從剃髮之令，削跡歸山陰原籍，終身不復出。」公醒而識之，謂王固抗節完貞者，故歷久而神靈不昧如此也。

壽富殉節前之書詩

庚子京師之變，宗室伯茀太史壽富殉節，臨死作三絕句，為書以寄華瑞安太史學瀾。明年，瑞安典試貴州，瀕行，以此函歸其家人，閩卓觀察孝復以付石印傳於世。書云：「大事已去，侍國破家亡，萬無生理，老前輩如能奔赴行在，敢祈力為表明。侍於此地此時，雖講西學，並不降敵。家人有不願死者，尚祈量力照拂；如死，亦聽之。外有先人奏疏年譜，及平生著作，並以奉瀆，亦祈量力保全之，敢百拜以請。匆匆不及走別，具為至憾。」詩云：「袞袞諸公膽氣粗，竟將血氣喪鴻圖，請看國破家亡後，到底書生是丈夫。曾蒙殊寵對承明，報國無能愧此生，惟有孤魂凝不散，九原夜夜祝中興。薰蕕相雜東林黨，黨禍牽連竟陸沉，今日海枯看白石，二年重謗不傷心。」

辛亥三秀才行

番禺汪兆鏞，己丑舉人，東塾弟子也。頃寄示所作〈辛亥三秀才行〉，曰：

辛亥之變，湘潭何性存秀才承鑫，方客粵東某提督所，亂作，遂自經。香山李郇雨秀才澤霖，居邑城南，為童子師，聞變，閉門絕粒，五日死。江陰趙煥文秀才彝鼎，遘難，痛憤不食，三日未殊，手書絕命辭，大旨以朝廷養士三百年，豈容謬倡排滿之說。書畢，至三賢廟自經死之。皆一介諸生耳，大節凜凜如此，為賦〈辛亥三秀才行〉。

油幪老記室，白屋村夫子，藐然青青一衿耳，臨難誰能責以死，偉哉乃有三義士！何生橐筆細柳營，妖氛忽犯循州城，城亡義不圖苟生，碧磷夜照豐湖清。同時李、趙二文學，徒聞賊民之興大詫愕，蔑棄禮教曷為國，志士豈忘在溝壑，畢命辭成萬夫卻，絕粒投繯神自若，得此泮池芹藻不寂寞。嗚呼！興亡自古何代無，痛絕眴息海水枯。長白山隸漢版圖，東塾著說徵班書，妄辨種族欺瞽愚，大盜移國罪當誅。茫茫天意何為乎？九域從此流毒痛。三子一瞑翔霄衢，蟬蛻不受滓濁汙，愧死印累綬若卿大夫，聖清三百年養士之澤報區區。

劉毓崑父子

同治乙丑、丙寅間，余隨侍太原，治舉業，從永清劉西樓先生仲篪講授。先生癸亥進士，即用知縣，發山西。方嚴耿介，不諧於俗。先大父重其學行，命師事之。先生於論文外，尤以窮理盡性相敦勉。越二年，先生權某縣事，余亦侍先大父南歸。先生卒以清貧歿於太原。迨余官京師，得見先生後人，恂謹有家法。後閱光緒《順天府志・先賢傳》，乃知先生父諱毓崑，字貢林，號壽山，諸生。天性孝友。母嘗得驚悸症，惡聞聲，崑每省視，必解屨戶外，徐步榻前。有女弟適張氏，婿為父兄所凌虐，乃析居，貢林為購田宅，與己居無異，嘗曰：「吾終鮮兄弟，何必異視吾妹！」嘗於中夜起，涕泗不止，人問之，則曰：「吾夢二親，承歡如平時，醒則杳矣。」時年已六十，其孺慕如此。道光十二年大旱，請於知縣萬侯勸捐賑恤，並首倡捐資，全活甚眾。子伯壎，道光乙巳進士。仲篪，亦以孝聞，有父風。按：府志據《永清縣志》採錄。度修縣志時在癸亥前，故未載先生科目也。

夏同善夢言果驗

夏子松侍郎事繼母孝，其女兄弟之同母異母者凡九人，友愛之如一。其已嫁而家貧乏者，皆招使同居，並其姊妹之夫與其戚屬皆與焉。家屢空，而食指恆數十人。戚友有就謀者，無少卻，急人之急，或輾轉稱貸以周之。官屢遷而清貧如寒士，往往日止一飯。丁卯，簡江蘇學政，未行，丁繼母憂，奉喪歸；又其女兄、子歸及二殤女、一老僕之棺，由潞河南下，而戚友及鄉人之柩託附其艘同歸者凡六家。會賊擾東昌，河路梗，乃改道天津附番船而南。船價巨，前託之者所出貲皆不足。或勸以婉告其人，使自歸其柩。侍郎不可，各為之益價而同歸焉。侍郎立朝大節，具見復堂所撰碑銘。此盛德事，當別書之，為鄉里後生勸。

侍郎封翁教子嚴，居恆稍不當，必訶斥。侍郎少有羸疾，官京師時疾幾殆，夢封翁詔之曰：「爾福薄，食天家祿幾許應即死，勿貪戀也。」既而疾稍瘳。又數年，計所入俸，與夢中封翁所告，已越其數，竟無恙。後復夢如前，且盛責之曰：「勿貪戀，若官至一二品即死矣！」官宮詹，以史館保案，掌院將以加閣學銜請於朝，力辭乃免。其後擢侍郎，直毓慶宮，以勞悴薨於江蘇學政任所，夢中言果驗。

孫步蟾事母至孝

富陽龍門村孫步蟾，家貧服田，奉母不少懈。年十七，父卒，號慟絕而復甦者三。鄰里喻以母在，何遽死，乃力營殯葬，奉母如初。後數歲，母疾劇，醫藥無效，步蟾奉香北面拜禱於神，刲臂肉和藥以進。其夕，母夢白衣老人予藥丸一食之，覺而藥香猶在口頰，病尋癒。又七年，母卒，廬墓三載，哀慕之思至老猶然。同治十年卒，年六十二。

謝維藩前生為寺僧

巴陵謝麐伯前輩事親孝母。太夫人持家儉，麐伯每出得新物美饌，必市歸以獻，太夫人輒不悅。

後得甘旨，付其所暱之友，使轉奉於太夫人，為若其友所餉者然。母怒，必跪母前妮妮作小兒態，且持母兩手批己頰，母笑乃已。太夫人待婢媼至仁厚，曰：「彼猶是人也，吾有何德，而使若輩執卑下之役於我？」麐伯，乙卯舉於鄉。公車北上，過保定，逆旅有客哭甚哀。問之，則黔人訪其戚不遇，餓且死。謝憫之，解橐贈以金，又謀諸同行者集貲助焉。麐伯自記前生為衡山某寺僧，嘗道經其地，入寺信宿乃去。寺僧贈以念珠，朝夕不去手，雖倉卒酬酢未嘗輟也。

翁運標兄弟被稱孝子

餘姚翁瀛，字大環，康熙壬申遊廣西，道湖湘，喜為詩，舟中日以作詩為事，遇山水佳處，輒登覽徘徊不欲去。時或上船頂吟嘯，終夕露立。舟子知其癖也，亦不為禁。一日舟次新塘，得句云：「霜濃古寺鐘聞處，一點空明透佛燈。」明日手書，鏁之篋。是夕竟失所在。其家聞信，孀妻稚子痛哭招魂，同行者亦莫知其何由也。至雍正癸卯，子運標成進士，痛不得父遺骸，偕兄運槐操小舟溯洄衡、永間，風號雨泣，行路哀之，爭相傳說。丁未八月，遇一老人鄭海寰者，述其弟海生於康熙三十一年十月七日從敗葦中得一屍身，佩小鑰，遂同擇地瘞於白沙洲，收鑰封識，以待其家人。運標兄弟噭然而哭，遣善走者馳至家，出鑰證之而合。乃廬其父墓旁三月，啟壙扶櫬歸，仍留形蛻處加以封樹。乾隆初，運標官武陵知縣，命兄子會典營祠墓前，額曰「永思」，顏其庭曰「啟鑰」，買田以畀守者。丁卯，運標擢道州知州，過展祠墓，依戀數日乃去。至祁陽，延見父老，繾綣如故舊。祁陽人莫不稱為翁孝子云。嘉慶間，族孫元圻為湖南布政使，復修祠宇云。《湖南通志》載其事，而前祁陽知縣覺羅卓爾布撰《啟鑰庭記》，宗滌樓《永州志稿・寓賢傳》載其事尤詳。

許承基繪《連枝圖》

錢塘許默齋先生承基，仍世孝友。父序賓，遭親喪，廬墓終身。默齋弟仲昭，侍母疾刲股和藥，創甚而殤，年才十餘歲也。默齋思弟不已，乃繪為《連枝圖》，作並肩坐石上喁喁對語狀，同時名流題詩者數百家。

桑東愚隱居東郭

桑弢甫先生之弟字東愚，隱居東郭，足跡不出國門，指爪長尺餘，人呼為長甲處士。東愚有《採藥畫卷》，陳句山先生為題七律一章。弢甫先生之父以孝名世，所傳《抱鐺圖》者也。

治麟孝行可風

翁同龢等〈奏為已故儒臣孝行可風籲請列入國史孝友傳以彰至行摺〉：

竊惟朝廷制治，以孝為先，人臣致身，資於事父，此天地之大經，古今之通義也。伏見故國子監司業治麟，生有至性，其學術以宋儒尹焞為宗，律己教人，鞭辟近裏。

同治初年，該員之父景廉，任伊犁參贊，旋統兵剿賊。其時，該故員年僅二十，匹馬出關，往來省視。比長，承侍左右，色養無違。景廉之疾篤也，不欲人侍，該故員屏息戶外，聽於無聲，有呼則敬唯，有所苦則抑搔扶持，終夕徘徊風露中，履跡重遝，倦則倚簷柱以息，四十餘日，用是成憂勞羸困之疾。其父既沒，該故員病已深矣。既葬，越小祥，鹽酪不入於口。醫者以豕肉汁進，謂得此可脂膏五髒，該故員屏而不飲。臣等見其瘦骨柴立，亦援古人居喪有疾之禮，諄諄勸諭，該員閔默涕泣而已。苫塊之中，編次其父遺稿，一字之誤，反覆審訂，至於嘔血數碗；死之夕，遺書猶在旁也。

臣等以為魯襄亡而子野毀，不見絕於《春秋》，此聖人教孝之微意。然而即死於毀，歷代史冊猶且褒揚之；況該故員蒸蒸之孝，徵於平時，孚於輿論，眾著於宗族師友之間者乎？我朝功令，孝子有旌閭之典，國史列傳特立孝友一門。光緒四年，蘇松太道馮焌光以孝行可嘉，准予立傳。臣等竊惟太學為教化所出之地，該故員事親盡孝，無愧人師。臣等誼屬同官，見聞確實，合無仰懇天恩，特降諭旨，准將前國子監司業治麟列入國史孝友傳，仍由館臣諮行該旗查取事實清冊，以備纂輯，用以風勵天下。

疏上，奉諭旨俞允。

齊占魁事祖母孝

齊占魁，直隸東安縣留犢村民，寄民於涿，事祖母孝。祖母疾亟，醫巫告凶，占魁禱於涿州之北塔，求以身代。祖母疾果瘳，占魁乃躋塔巔，自投而下，隕於地，死之，光緒十四年三月十二日也，年二十九。州上其事請旌，禮部議駁。兼順天府尹潘祖蔭、順天府尹高萬鵬，奏授光緒六年浙江會稽縣附生王繼穀母疾請代自沉鄞之月湖得旌例以請，詔俞之。潘公為文記其事，而順德李侍郎文田書之，為立石於北塔之側。余至涿，親至塔下徘徊久之。

王貞女墓

羅江縣金山鎮西，有明季義烈貞女王氏墓，碑云：明崇禎末，有官四川布政使王某到蜀，惟一女從行。聞京師之變，某欲興師勤王，女力贊之。懼己為父累，乃自殺，遂葬於此。後人為立石記其事，惜傳聞未詳，布政名字里貫均無可考。

張悟音

寶山縣朱詒烈繼室張，於□丑六月滬兵嘩變時，潰軍將至，倉黃自溺於井，急拼得蘇，既蘇復溺。翌日，避於先人墓廬，旋自經。檢遺篋，得黃絹緘一枚，方廣才寸餘，而線縫甚密，外纏紅繩二，中用油紙三層，裹一咫尺長寸寬之素紙，有手書端楷二行，其文曰：「大清江蘇寶山芝坊朱君印詒烈之正室清河氏悟音大難。」

趙馮氏有賢德

烈婦馮氏，貴州人，年十九為湖州趙翰卿簉室。翰卿為忠節公第六子，以通判官廣西，擢柳州知府，以道員升用，為粵督岑茐罷。尋知其冤，江督為奏請開復原官，調江南。辛亥國變失職，貧甚，奔走浙東溫、臺之間，置眷屬於杭州。癸丑夏七月之金陵，遘疾還滬，臥逆旅。其戚姚某迎之歸，疾亟，馮氏從杭州馳至，日侍湯藥。翰卿卒，無子，嗣子在蘇州不至，姚某經紀其喪。馮氏哭之哀，既送殯歸，向姚某稽顙謝，屬其孤女，夜服阿夫容膏，舁入醫院，治之不效，遂歿，年三十九。

陸氏婦乞食撫孤

硤石之卜家場有陸氏婦，夫死，子才五齡，女一未周晬也。孤苦無以存活，夫弟勸改適，不從，願乞食撫孤，誓不負死者，於是攜子女丐於路。辛酉賊至，僅齧草以活。賊平，為人傭，稍稍能自贍，子亦長矣，賃破屋以居。每歲飼蠶必獲利，天將以報其苦節矣。

應撝謙入儒林傳

應先生撝謙，字嗣寅，號潛齋，自稱無悶先生，仁和人。生而有文在其手，曰「八卦」，左重耳，右重瞳。稍長，以斯道為己任。侍母疾數年不懈，母為娶婦，終不入私室。母卒終喪，始行合巹禮。大科之徵，李公天馥、項公景襄交章薦，輿床以辭。范公承謨又欲薦之，乃稱廢疾。所著說經、言性理諸書，凡十二種。河陽趙公士麟刻其《性理大中》，儀封張清恪刻其《潛齋文集》，乾隆《府志》入儒林傳。

凌文衡、沈志可受業於應撝謙

潛齋門弟子甚眾，而篤信師說敦行不怠者，以凌文衡、沈志可為最著。文衡名嘉印，錢塘人。少為杭郡司李吏，好讀書，匿書直舍案下，夜伺他吏熟睡，燃燈默誦。四十後棄為吏，受業於潛齋，盡得其傳。六十後注禮書日幾葉，謄寫日幾葉，皆有課程。嘗言「學問須到造次顛沛必於是，方有得力處。」志可名士則，仁和諸生。嗣母周，性嚴厲，常加譴責，長跽待罪，雖勞不怨。學禮於潛齋，居家授徒，端坐整肅，盛暑不去冠襪。嘗定宗祠祭規，而尤詳於古斂禮、葬禮。

錢朝彥家貧苦讀

錢朝彥字殷求，號定林，錢塘人。明崇禎丁丑進士，官句容知縣，丁父憂去。明社既屋，閉門卻軌，自比於棄妻嫠婦匿影牆壁。同年故人官浙中者，概不與見，亦不報謁。家貧，所居皆僦人老屋，危榱析棟，不蔽風雨。己亥江上之變，有言定林將為內應者，提督田雄下章捕之，囚獄中十日。偵者告曰：「錢公儒者，莊坐囹圄，若無所畏苦。」田意解，乃放歸。定林嘗師事漳浦黃忠端，其詩與書法皆效之。見吳農祥所撰傳、吳允嘉《武林耆舊集》。

陸圻少時詩名籍甚

陸圻字麗京，一字景宣，號講山，錢塘人，崇禎年選貢。與弟培、階，高文異采，號為三陸。乙酉，培以行人殉國，縊死桐塢。講山奉母隱居河渚，而賣藥於苕、霅間，月一歸省。莊廷鑨私史獄起，無妄被收，久之得釋。故居被燼，乃攜一老僕採藥名山。老僕歸，講山不返。或云在嶺南為僧，名今龍；或云入武當為道士，竟不知所終。少時詩名籍甚，漁洋山人推為西泠十子之冠，有《威鳳堂集》。黃書崖《武林先雅》載其軼事尤詳。

汪汝謙有「五老」之會

汪汝謙字然明，號松溪道人，錢塘人，明季由歙徙杭。延納名流，文采照映，有湖山主人之目。迨陵谷淪移，遂入閩為福廬武夷之遊。比歸，隱居東城，與李太虛、馮雲將、張卿子、顧林調訂孤山五老之會。年七十九，彌留待盡，神明湛然，猶邀雲將諸公品畫談詩，吹簫擫阮。視蔭既移，抗手告別而卒。

張遂辰清門世德

張遂辰字相期，號卿子，又號西農，仁和人。高懷卷跡，似嚴君平、鄭子真一流人。好談《易》，精於醫學，歲輒活數百人。所居在城東，至今名為張卿子巷，蓋當時婦孺皆震其名，委巷流傳，竟成故實。西農每於歲闌，輒勉誡子息云：「家足過年之用，坐無寒士之求，不惟有愧本心，抑且無別流俗。」又嘗述其祖龍墩公貧，止一布袍，除日逢急，即解贈之。樊榭《東城雜記》稱清門世德，可以激薄停澆。先正風流，不徒以高隱名矣。

張右民窮究經籍

張右民字用霖，號東皋，錢塘人。用霖為葛寅亮高弟，窮究經籍，天、崇間，與龍門諸子創登樓社。明鼎既革，棲隱東城。己未鴻博之徵，撫臣欲以用霖應，堅辭不就。年八十三乃卒，四方會弔者八百餘家，學者稱為東皋先生。著有《史論》、《史略》、《竹窗語錄》、《東皋詩文集》。

丁叔範家貧授徒為生

丁文策字叔範，號固庵，錢塘人。貌瘦削而面黑，人目為黑丁。少為諸生，有聲。甲乙後，遂棄去，偕母妻避居駱家莊。巡撫張存仁聞其才，跡所在而說之，嘿不應承之，以威不動，曰鐵石人也。幅巾單衣，蹩躠風雪中。既哭二人痛不能盡養，鞠育兩弟，周恤有無。家貧，授徒以給朝夕，學者稱為江樵先生。

虞鈖被稱孝子

虞鈖字畯民，號兼山，又號白庵，錢塘人，明季諸生，少孤。侍祖母疾，嘗㦸胸肉療。母氏王病篤，戒之曰：「吾茹素四十年，慎毋以櫜事相累。」母沒，終身不御酒肉，廬墓側三年。有事而出，雖風雨泥淖夜，必趨至墓所，人稱為虞孝子云。易代後，荷鋤自給，不入城市。其學以朱子為宗，明經修行，耆年益篤。其卒也，門弟子及其兄子私謚曰貞孝先生。

柴紹炳少奇敏

柴先生紹炳，字虎臣，號省軒，又號翼望山人，仁和人。少奇敏，為文宏博典麗。父應權，官莆田教諭。故事，學官子弟許隨任赴試，因試補莆田諸生；移牒本籍，浙學使不可。復歸應試，自縣府以至學道三試，皆第一。弘光時，馬士英欲引進之，以翰林官誥命中使馳召，先生不為動。馬怒曰：「渺小丈夫矜高乃爾耶？」先生歎曰：「吾深恨夫七尺軀以敗乃國事者。」蓋先生素羸弱，軀短且瘠也。其後布衣幅巾，鍵戶南屏，一以著述為事。凡天文、地理、禮樂、田賦、水利、兵制，莫不窮竟原委，勒為一書。康熙己酉詔舉隱逸，巡撫范忠貞公以先生應，力辭乃已。家城東，老屋數楹，廁於壞垣廢圃間，枯桑敗竹，三徑荒寂。一夕夢黃公道周、劉公宗周、倪公元璐、吳公麟徵合一刺召，先生遂沒，沒有傳其為冥官者。

沈昀考究性命

沈先生昀，字朗思，初名蘭先，字甸華，仁和人。年十六，入郡庠。甲申後棄去，與弟蘭彧自相師友，以考究性命為務。嘗執經劉蕺山之門。事父博山與母氏秦至孝，以束脯為養。誨子穀中、純中勿令干祿。室無容榻，桁無懸衣，披帙覽書，凝坐終日。嘗絕粒，採階前馬藍食之。或饋米數斗，不受。其人固請，則固辭。方宛轉避謝間，遂餓仆於地，其人惶駭去。良久始蘇，笑曰：「其意可感，然適以困老子耳！」卒，無以為斂，應潛齋經紀其喪。潛齋門人姚宏任，篤行君子，請斂先生，潛齋許之。詳《鮚埼亭集》所為墓誌銘。

顧圤、施萬皆善篆書

顧圤字竺公，亦曰琢公，號山臣，錢塘人。美鬚髯，善詼諧。家貧，支一足鐺於慶忌塔。晚年移入城，是時婁東、虞山以舊臣赴闕，號於人曰：「吾輩起，以紓清流禍也。」山臣曰：「淫人能衛貞女耶？」吳中允太沖幽囚十年，門生故吏搖手不敢一問，山臣獨冒死相對，周旋患難，君子賢之。善大小篆，語人曰：「若為我治良田十畝，我為若篆，我死其價可當秦十五城。」同時有施萬，字大千，號汗漫子，亦以詩名，工篆隸，摹印尤在何震、陳士衡上，惜皆不傳。

陳廷會自號鴸客

陳廷會字際叔，號瞻雲，錢塘人。六歲始能言，九歲作《寇萊公枯竹生筍賦》，人爭奇之。補諸生。崇禎癸未，郡東門有海，大鳥集焉，人面獸身，六翼四足。際叔歎曰：「此鴸也，所見之國，其下多放士。」因自號鴸客，作《鴸客問》。未幾，金堡、徐繼恩、陸圻、應訛謙、沈捷、汪溮輩，或掛衲空談，或鑿坏遁跡，人皆服其先見。與陸鯤庭有性命之契。鯤庭殉國難，留書與別，以書籍盡遺之。際叔奔赴，為書以報地下，美其得死所。後教其子繫召，學既成，舉其父所遺書返焉。

孫治篤於友誼

孫治字宇臺，號鑒庵，仁和人。幼與毛稚黃遊閩子將之門，子將稱為二俊。乙酉後，不應試，自稱武林西山樵者。篤於友誼。有魏姓友逮繫，以愛女為託，及友被法卒，娶為子婦。陸驤武死，亦以一女託之，為擇吳檢討任臣妻之，又為立嗣，以己甥女嫁焉。吳百朋令南和，卒於官，囊無遺貲，為經紀其喪以歸。既老，貧甚，以父殯未有葬地，不得已出遊，遂歿於澤州。所著有《孫宇臺集》四十卷。

張丹振奇之士

張丹原名綱孫，字祖望，號秦亭，錢塘布衣。張氏在前明九世簪纓，號甲族。祖望為都御史濂之玄孫。舊時第宅，國初圈入駐防營城。播遷無定，後徙居西馬塍，有從野堂。又居秦亭山村，因以為號。年三十二喪妻，不再娶。晚夢神人，更名丹，講服氣導引之術。詩名在十子之列，及門著籍甚眾。少時遊京師，嘗冒大風雪，從老宮監至天壽，遍歷明代諸陵，識其道里遠近，寢隧規制，而詳為之記，亦振奇之士也。

沈謙詩多淒婉之音

沈謙字去矜，六歲能辨四聲。既長，補諸生，才名為西泠十子之一。鼎革後，隱於醫。其先人逸真先生，善岐俞之術，故吳百朋贈詩，有「乃公術過長桑君」之句。先大父輯杭郡詩時，得里中金氏所藏去矜手書詩卷，其自跋云：「庚寅四月二十三日四鼓過寒山，曉月映塔，流屍觸船，披衣起視，悲愴欲絕，離亂之苦，大略可見。天明因錄本年五言律四十四首，聊以當哭。」詩中如「鼓鼙孤客淚，書札故人心」，「孤塚兒啼苦，空庭馬跡深」，「白髮悲行役，青山厭亂離」，「苦霧沉荊棘，青磷見髑髏」，多淒婉之音。

施相性高潔

施相字讚伯，號石農，郡諸生。性高潔，不樂塵市，屏居河渚張村，名曰豳居。與徐介狷次交契，為築室於叢竹間，名曰「竹廡」，狷次居其中十六年。其後遣妻子返湖墅故居，獨與狷次嘯傲煙霞，往返無定。狷次卒，會石農他出，其子雲蒸遠遊，而雲蒸婦命稚子傳語諸門生曰：「徐先生大故，嘗聞翁言矣，請以中堂奉棺含斂。」比石農歸，撫棺慟哭，旋摩穉孫頂曰：「汝能代母傳言，真吾孫也！」其篤友誼如此。

徐介非狂乃狷

徐介初名孝直，字孝先；後改今名，字堅石，號狷庵；又名曠，號涤溪，仁和人。明季諸生，陸圻之甥也。家塘棲落瓜堰。乙酉，年二十，棄諸生，易其名曰介。妻死不娶，子死不嗣。去田園壟墓，白衣冠垂五十年，轉徙無定所。後入河渚，愛浦漵陂塘之勝，遂寄棲施石農廡下。嚴毅疾惡，狹中鮮容，非分之餉錙黍不受。性豪於飲，大醉，取詩箋寸寸碎之，投水中，曰：「世安有能讀徐生書者！」又善哭，醉益甚。春晚聞杜鵑聲，則抆淚撇涕，發聲磕磕而不可止。見者以為狂，生曰：「我非狂，乃狷也！」因號狷庵。既以為狷不敢希，復易為狷次云。

姚文虞善書狂草

姚文虞字德善，亦仁和人，工詩。甲乙之後，淍鑿自安，蹤跡與徐狷次相似。善書狂草，所作詩皆毀於火。

徐宏道寄跡湖山

徐宏道字景行，仁和人。明季福王建國南都，景行為督工官。入本朝，遂寄跡湖山以終。

陳麗韜晦隱居

陳麗字貞倩，號正庵，錢塘人。嘗從兄元倩治軍大梁，為總兵官，所規劃陰與孫吳兵法合。當其時，諸營累累如兒戲，獨貞倩軍屹不可動。迨滄桑改易，乃韜晦，恣意為詩，孫宇臺亟稱之。貞倩弟晉明，亦隱居不出。

胡介意氣傲兀

胡介初名士登，字彥遠，號旅堂，錢塘諸生。故居在河渚，人跡罕至。及江上兵起，入城僦居一畝田，遂更其名，以示蠱上履二之志。嘗一遊京師，梅村、芝麓諸公皆折節納交，而彥遠意氣奡兀，亦莫能籠絆之也。

張兢光性峭

張兢光字又兢，號覺庵，長自名閥，於祖望昆弟為大父行。絕意仕進，束修砥厲，如後門寒素。

性峭獨自憙，不妄交一人。所撰述稿藏笥中，雖宗族子侄不得一讀。柴虎臣與為鄰比，始得窺之，因呼毛馳黃諸公共訪之，於是覺庵之名始著。

傅齡文被執而死

傅齡文字長質，錢塘人。父巖，字野倩，明崇禎甲戌進士，官歙縣知縣，從朱閣部大典駐師金華。王師下浙江，被執死之。子三：齡發、齡熙抱父屍以殉；齡文遷父柩歸，藜藿不充者十年而卒。見《武林耆舊集》。

吳本泰西溪種梅

吳本泰字美子，號藥師，又號栩庵，仁和人。崇禎甲戌進士，除行人，授吏部主事，改南京禮部，歷郎中。甲申後，隱居不出。西溪有蒹葭里，歲丁亥，栩庵自海上遷避，卜居於是。其地近秋雪、曲水諸庵，與僧智一、寂瑞，閩僧道援輩，往還參叩。園居饒篁竹而乏梅，智一移贈古梅數本，劚地種之，因自號西溪種梅道者。著《西溪梵隱志》四卷。

徐之瑞浙中四先生

徐之瑞字蘭生，錢塘人，崇禎丙子舉人。申酉後棄孝廉，遁居北烏山，與汪魏美、萬履安、巢端明齊名，浙中謂之四先生。當時將欲推選蘭生，不行，或劫之以法，則舉所佩帨示之，曰：「此我磬懸之具也！」嘗為《西湖竹枝詞》，以寓變哀之怨。

汪渢寡言笑

汪渢字魏美，錢塘人，崇禎己卯舉人。嶔崎歷落，寡言笑，時人目為汪冷。甲乙之後，奉母渡三江，躋括蒼，崎嶇山澤間者有年。母老，欲就養於兄澄。魏美念母不忍遠離，而又矢志不入城市，藏身北郭，每間月輿母至，相與抑搔色笑為樂。是時湖上有三高士，魏美其一也。當事重其名，或割俸金為壽，不受。監司盧公遠心，相值於僧舍，問汪孝廉何在？魏美應曰：「方在此，今已去矣。」盧公悵然，不知應者之即魏美也。朱竹垞嘗訪之大佛寺僧寮，竹榻蘆簾，不蔽風雪，瓦爐火死，不能具杯茗。又嘗偕魏處士允枘過朱，時已初冬，共宿樓上，所攜布被猶未裝綿。年四十九歿於實石僧舍，時康熙乙巳也。

關鍵絕口不言世事

關鍵字六鈐，號蕉鹿，錢塘人。崇禎癸未進士，甲申除丹徒令。南中擁立，六鈐請設沿江水柵，阻諸客將之劫商舶者，又以計擒劇賊鄧七。不半年，遽棄官歸。歸隱四十四年，絕口不言世事。尚書宛平王公、相國真定梁公，皆同年交契，欲推挽之，卒不答。兩公語督撫曰：「君部中有吾故人，梅子真、嚴君平之流也，為我善視之。」六鈐謝病不一謁。卒年七十有九。

李南賣藥自給

李南字逸度，號遂初，錢塘人，相傳為徐中山後人，官右班。鼎革後，棄家遠遁，因挾崑山李氏子同竄，以伯季相呼，故姓李，以來南，故名南。疾革時，子嘉錫跪請宗姓所自，及名與字，瞋目叱之，終不言，故其子孫懵不知為何氏也。所居曰沙河塘。賣藥自給。不妄與人交，惟施相、徐介諸隱君相往來而已。卒年八十五。

馮軾有抱石焚山之節

馮軾字士式，錢塘人。自言鼎革後不閱題名墨藝。嘗與沈去矜諸公結平泉詩社，而毛稚黃稱其有抱石焚山之節，蓋高隱士也。

沈齊賢以濟時為己任

沈齊賢字寤伊，錢塘諸生。性峭直，常以濟時為己任。時流寇充斥，江浙騷動，寤伊上書，略謂：「餉不知措，兵不知用，地不知屯，民不知恤，束於具文，畫界而保，以聽流寇之蹂躪，可乎？」不省。甲申思陵殉社稷，隨郡搢紳後哭臨三日，不食經旬，復私立木主於里社，朝拜畢伏地哭。社故祀雷神，猙獰可怖，寤伊怒目叱曰：「汝亦當為國捍禦，徒赤髮金睛嚇里嫗乎？」閭巷小兒環視而笑，則起逐之，市人皆以為癡。會山陰劉公宗周至杭，急往謁，抗腕論時事，聲淚俱下。諸儒皆白冠環坐，一生忽私語曰：「黃巢、朱溫，恐亦天命？」寤伊直前奮拳毆之。南都既立，歎曰：「江左敬仲安在？」欲獻策闕下，恥以口舌得官，遂遁跡皋亭山下。乙酉寢疾，執弟手曰：「吾孔孟一線尚在。」語不及他。卒後，林璐為之傳。

周介隱得秘授

周介隱，莫知其名字，人私謚之曰介隱云。錢塘人。學問賅博，為同人推重。萬曆丙辰歲，忽棄去舉子業，結廬父墓之旁，請於母曰：「有弟鄉舉，可養母矣，兒將守父墓。」遂居廬中，慶弔問遺皆絕。母念之，或月一至，他人莫得見也。在廬四十七年，惟以母喪一入城。年八十二而歿。臨歿吐氣滿室，如煙雲者久之。或曰介隱善天文，得秘授，知天下將有變，不然何獨於丙辰而忽為是耶？介隱事罕見記載，鄞周容《春酒堂集》有介隱傳。

卷五

《永樂大典》僅存三百餘冊

《永樂大典》二萬二千八百七十七卷，凡例、目錄六卷，凡一萬二千冊，向貯乾清宮。其副本，在皇史宬，後因恭藏《聖祖仁皇帝實錄》，乃移貯翰林院。李穆堂侍郎始借觀，而副本闕二千四百二十二卷，擬奏請發宮中正本鈔補之，未果。嘉慶丁巳，乾清宮災，正本燬。其存儲翰林院者，庋敬一亭，無人過問。咸豐庚申之變，書漸亡失。光緒元年重修翰林院，庋置此書不及五千冊矣。明年丙子，繆小珊入詞館，詢之清秘堂，云尚存三千餘冊，求借觀不可得。丙戌，志文貞銳官侍讀，入清秘堂辦事，小珊始得借鈔人間稀有之本。癸巳，小珊重入京師，詢之館人，則僅六百餘冊矣。庚子巨劫，翰林院牙門闌入使館，藏書星散，《大典》僅存三百餘冊。宣統元年，學部請以歸圖書館。《藝風堂文集》言之最詳。

按：全謝山入詞館，與穆堂共借《永樂大典》讀之，《大典》共二萬二千七百七十七卷，見《鮚埼亭集》，卷數小異。

《笠澤叢書》

余家藏《笠澤叢書》，為後至元五年十一世孫悳原刊於書院，不分卷，以甲乙丙丁為次，後一卷補遺，書法類趙松雪，紙墨精良，有「輔國公如嵩印」、「怡情書室圖書」、「素心人怡情書室珍藏書畫圖章」、「信郡王恬齋素心人珍藏」、「信邸珍藏」諸小印。據邵位西先生書目云：「此書有宋蜀刻本，十二行，行二十一字，又明李如楨校刊本，碧筠草堂仿元刊本，嘉慶間許槤仿元刊本七卷。」又云：「錢遵王云，宋刊本祇上下二卷，又補遺一卷；元刊乃分四卷。」余家所藏至元刊本，正分為四卷，與《讀書敏求記》合。惟邵目云，書院本有三山王益祥跋，而此本無之。

《司馬溫公年譜》

《司馬溫公年譜》，近所見者，桂林陳文恭公刻本。己酉三月，在長沙從劉笏雲借閱所藏明刊《溫公年譜》六卷，嘉靖壬辰涑水馬巒編輯，溫公十八世孫露校刻。馬巒序，闕前半首。露跋云：「公曾孫吏部侍郎伋扈蹕南遷，子孫因家浙之紹興山陰。露王父按察使相巴陵尹初，皆起家進士，堅有還夏之志，賚志而歿。露父解元晰，來夏奉祀，云云。」是溫公後人固嘗居浙，復乃復歸夏邑也。

《四庫全書簡明目錄》

仁和邵位西先生博極群書，嘗就所見諸家藏書記，錄於《四庫全書簡明目錄》冊端，蠅頭細書，上下皆遍。咸豐間為瑞安項几山傅霖借鈔。辛酉先生殉節，書存項氏。同治己巳，先生之子子俊順年在江寧，介孫中頌言於項氏，得索歸；別寫副本流傳都下，祥符周季貺星詒、吳縣王茀卿頌蔚、武進董綬金康、山陰胡右階念修，皆有迻鈔之本。光緒癸卯，先生之孫伯絅章遊吳門，見胡氏鈔本，乃更貽書中頌商定體例，繕校付刊。壬子之春，蟄居海上，從伯絅借觀，復為校勘新鈔之本，匝月而後卒業。茫茫浩劫，古籍將湮，抱此遺編，如游宛委，蕭寒寂寞中亦假以送日耳。

《王荊公詩注》

宋李壁撰《王荊公詩注》五十卷，有劉辰翁評點者，乾隆辛酉海鹽張宗松清綺齋校刻本最精。邵位西先生藏元刊本，即張氏所仿刻者，中闕第三十、第五十卷末頁，劫後為錢塘丁氏所得，復以歸邵。余與伯絅同寓滬北，得見此本，前有位西先生長跋，詳述是書流傳端緒。適清綺後人張菊生，得元大德辛丑刊本，前有詹太和撰《荊公年譜》及劉歸孫序、王常題識，皆乾隆重刻本所無，全帙完好，古香可挹，書中有季滄葦印記，後輾轉歸豐潤張氏者。菊生先後得乾隆刻本至五六冊，今復得此，誠奇緣也。位西先生跋一通附錄於後。

謹按：乾隆間《欽定天祿琳琅書目後編》元板類云：《王荊文公詩》，二函二十冊，宋王安石撰，李壁注，劉辰翁批點。壁字季章，號雁湖，登進士，累官禮部尚書、參知政事、同知樞密院事，謚文懿，事具《宋史》本傳。辰翁字會孟，號須溪，廬陵人，少舉進士，宋末不仕。書五十卷，前有劉歸孫序，即辰翁之子也。又詹太和所著《王荊文公年譜》目錄後有墨記「僕頃問詩於須溪先生，及半山，則恨李注本極少，於是先生出示善本，並得其評點。茲不敢私，命刻之梓，期與四方學者共之。門人王常謹題。」常字士吉，安成人。蓋大德辛丑所刻，而歸孫序之。太和字甄老，桐廬人。每冊首有白文「謙牧堂藏書記」，未有朱文「謙牧堂書畫記」，俱橫長印。

又按：乾隆六年辛酉武原張宗松重刊《王荊文公詩》，序云：「十年前購得華山馬氏所藏元刻本，間取通行《臨川集》勘之，篇目既多寡不同，題字亦增損互異，乃歎是書之善，不獨援據該洽，可號王氏功臣也。史稱季章嗜學如饑渴，今《雁湖集》不存，他著錄亦盡逸，惟是書見稱藝林，而流傳絕少，因重鋟以廣其傳。」又曰：「李氏之注王詩，猶施氏之注蘇詩，任氏之注黃、陳二家詩也。山谷、後山詩注，尚有前明雕板；東坡詩注，則宋漫堂先生獲宋槧不全本，補綴刊行，今遂家有其書矣。獨是書絕無僅有，近代藏書家若絳雲，若傳是，俱不列其目；華山馬氏至晚始得之，故《道古樓書目》亦未之載。衎齋沒後，復隨雲煙飄蕩，流轉數姓，歸予插架。」又曰：「是書首尾完好，惟卷端失去魏鶴山序一篇，第三十卷、第五十卷失去兩末頁。」又曰：「須溪評點雜亂注中，觀者目眩，今芟去，使李注孤行，更覺心目開朗。」又乾隆四十一年丙申張載華識云：「先兄青在，每以失去鶴山序為恨，訪求不得。宗人芑堂，好古士也，客冬於武林鮑氏知不足齋，錄以貽余，爰屬延一侄補刻卷端。」又張燕昌識云：「乾隆乙未冬十一月二十三日，余於杭城好友鮑以文知不足齋燈下，得觀李雁湖注《王荊文公詩》宋槧不全本一卷至三、卷十五至十八、卷二十三至二十六、卷二十七至二十九、卷四十至四十七，凡十七卷。目分上中下，每卷尾有庚寅增注，前後有『晉府書畫之印』及『李氏德圭』諸印。吾宗青在先生曾得馬氏藏本付梓，以不得魏序為恨，今鮑氏宋本有之，亟錄以俟補入，並詳所見卷帙，冀好古者廣其傳焉。」

今按張青在刻本所自出，即此本也。第三十卷、五十卷尾缺頁正同。而書中間有夾籤，乃刪剃須溪評點而設。所云得之華山馬氏，此書印記乃吾鄉沈椒園先生所藏，豈流轉數姓，而馬氏晚始得之，不復加圖印歟？道光己酉，余得之琉璃廠文華堂書肆。先有張君重刻本，重鄉先輩椒園先生故物，且須溪評點亦自有意致，乃以八金易置案頭。頃讀《天祿琳琅後目》，知內府尚有完全元槧本，前有詹太和《王荊文公年譜》。張青在重刻序例，恨荊公獨無年譜，姑取《宋史》本傳刻附卷首，不知原書自附年譜也。又有劉歸孫序，及王常題識，刻書年月。張君但據陳直齋解題，恨不得魏鶴山序文，不知魏序作於嘉定七年，季章門人李西美醇儒初刻是書之時，宋本有之，元本未必重載也。謙牧堂乃大學士揆敘家印記。揆敘乃明珠之子，刻《通誌堂經解》之成德，其兄也。咸豐元年六月二十日辰記。

黃道周夫婦所書《孝經》卷冊

漳浦黃忠端公書《孝經》卷、冊各一，忠端夫人蔡氏所書《孝經》卷一，漢陽葉氏所藏。忠端自跋，一為辛巳秋，一為辛巳八月，皆請室中筆墨也。

按：忠端公《孝經》別本自跋云：「嚮在西庫寫此經一百二十本，其七本有補《豳風》，餘八十本俱依石臺原本，又三十三本以『聿修厥德』移於『天子』之首。西庫無佳筆，俱用秃筆書之。」云云。葉氏所藏，殆即其時所書？

蔡夫人善臨池，代公作行草幾奪真。《孝經》卷題「崇禎甲申秋望日偶錄」，蓋臨忠端書。葉氏又云：「夫人書《孝經》別一卷，末題『明忠烈文明伯武英殿大學士黃道周妻蔡氏玉卿書於石養山中之齋室』，凡二十九字，不著年月。忠烈謚，隆武以贈，此卷當是丙戌後作。

忠端嘗進《孝經大傳》其序云：「臣繹《孝經》微義有五，著義十二。是十七者，以治天下，選士不與焉，而士出其中。」蓋深痛於楊嗣昌、陳新皆奪情而起，無父無君之言滿天下，乃退述是經，以補講筵之闕。崇禎庚辰，被逮白雲庫下，諸獄卒不敢有望於公，惟日奉楮札丐書。時公拷掠備至，血肉淋漓，日據敗几書《孝經》以當役錢而已。忠端《孝經》定本，善化賀耦庚先生嘗刊於黔中。余家有是本，幼童入塾，即以是本課之。

黃道周疏

忠端屢上疏，言：「自古迄今，決無數米量薪可成遠大之猷，吹毛數睫可奏三五之治者。」又云：「自古外患未弭，則大臣一心以憂外患；小人未退，則大臣一心以憂小人。今獨以遺君父，而大臣自處於催科比較之末。行事而事失，則曰事不可為；用人而人失，則曰人不足用。」此數語，自來亡國之臣皆蹈此轍，可勝歎哉！

倪元璐手稿

倪文正公元璐手稿四冊。前二冊皆疏稿，大抵為戶部尚書時事，論兵餉、漕糧、開採、鈔幣、鹽務、車戶，凡九首，格式與本朝奏摺略同。書牘三通、詩文一百十首，中多塗乙。舊藏紹興陳氏留古齋，今為日本長尾甲雨山所得，余從張菊生轉假讀之。忠貞遺墨留天地間二百七十年，乃為東人所獲，惜哉！

按《四庫書目》：《倪文正集》十七卷，續編三卷，奏疏十二卷，講編四卷，詩集四卷。文淵閣著錄其詩，又收入《乾坤正氣集》。別有《鴻寶應本》十七卷，今有傳本。又公門人唐九經嘗梓公遺詩，未見。

《甲申傳信錄》

《甲申傳信錄》鈔本四冊，當湖樨農錢䠓撰，凡十卷，每卷以四字標目：「卷一曰「睿謨留憾」，卷二曰「疆埸裒革」，卷三曰「大行駿乘」，卷四曰「蹠餔餘孽」，卷五曰「槐國衣冠」，卷六曰「赤眉寇略」，卷七曰「董狐剩筴」，卷八曰「桑郭餘鈴」，卷九曰「戾園疑跡」，卷十曰「使臣碧血」。自敘云：「一時人士所紀述者，有《國變錄》、《甲申紀聞》、《國難紀聞》、《見聞紀略》、《國難睹記》、《變難確傳》、《燕都日記》、《陳濟生再生錄》、《孤臣紀哭》、《陳方策揭》，凡十餘家。」今諸書傳本不恆見，蓋遺佚者多矣。

《魯春秋》

《魯春秋》，不著撰人姓名，記魯王監國時事。其《監國紀》有云：「弘光元年乙酉夏五月，南京不守，江南及浙西郡咸望風下，杭諸紳奉皇太后命，敦請潞王翊鏐監國。甫三日，因原任都督陳洪範籍士馬錢糧北款，錢塘知縣顧咸建不從棄去，諸生沈乘建守城之策，百姓暱王慈，立殺乘。原任兵部主事王道焜、行人司行人陸培不應召自殺。」云云。按：王、陸二公死節，見於記載綦詳，獨沈乘被殺，知之者鮮。《杭州府誌・忠義》亦不載其人。乘字孚中，仁和諸生。武林且款，乘獨大言誰主降議可斬，請留方、鄭二總兵合守，空武林門外民廛宿師。猝死，論者追惜之。《魯春秋》祇傳鈔本，特表而出之，以補志傳之闕。

《罪惟錄》

劉翰怡京卿得海寧查伊璜所著《罪惟錄》，凡一百冊，分紀、志、傳三門。其書崇禎曰「毅宗烈皇帝紀」，弘光曰「安宗簡皇帝紀」，後列魯監國、唐王、桂王則書曰「附」。志其目二十七：曰天文、曰五行、曰冠服、曰藝文、曰輿圖、曰禮、曰樂、曰土地、曰貢賦、曰屯田、曰河渠、曰班爵、曰陵志、曰科舉、曰直閣、曰銓部、曰典牧、曰茶法、曰錦衣、曰學校、曰職官、曰外戚、曰將帥、曰鹽、曰數、曰封爵、曰屬夷。傳凡三十五：曰皇祖禰列傳、曰皇后傳、曰太子傳、曰諸王列傳、曰翼運王國列傳、曰翼運外臣傳、曰啟運諸臣傳、曰抗運諸臣傳、曰理學諸臣傳、曰經濟諸臣傳、曰荒節諸臣傳、曰致命諸臣傳、曰諫議諸臣傳、曰諷諭諸臣傳、曰清介諸臣傳、曰乘時諸臣傳、曰循謹諸臣傳、曰文史諸臣傳、曰武略諸臣傳、曰播匿諸臣傳、曰隱逸傳、曰俠烈傳、曰獨行傳、曰庸誤諸臣傳、曰方外、曰藝術、曰回誤、曰閨懿、曰宦寺、曰奸壬諸臣傳、曰叛逆、曰西蕃、曰蠻苗、曰勝國列傳、曰外國。別有列朝帝紀逸篇、列朝逸傳，則紀傳刪餘也。紀前序一首，為全書之敘；志前序一首，則專論志列者。二序草書學晉人，藝風定為伊璜自書。伊璜於莊氏史案牽連罹禍，而不知其閉戶著書，乃有此巨帙，為弘光作紀，大書廟謚。雍、乾間書禁至嚴，此書幸存，二百餘年沉埋秘籍復出人間，奇已！書中於本朝未入關前，則書曰「東師」；入關以後，書曰「北師」，並無「胡」、「虜」字樣。每卷首眉間，有「大清順治三年編」、「大清順治四年編」等字，疑為後來人所增，亦不知何所據也？

按：伊璜原著，本名《明書》，為百二十卷，後改名《罪惟錄》。其自敘署名左尹，字曰非人，有「他時復原名之日，即此書亦復舊明之日」語。伊璜名繼佑，以應試時吏誤書作佐，遂名繼佐，入粵後乃隱名曰左尹云。

《爝火錄》

《爝火錄》三十二卷，江陰雲墟散人李本天根撰。記甲申以後福、潞、唐、桂、魯諸王事，起順治元年三月十九日莊烈帝殉社稷，至康熙元年十一月二十三日魯王薨於金門止，凡十有九年。後有附記一卷，則康熙二年至二十九年臺灣鄭氏始末、三藩叛後之事。有乾隆十三年六月自序。名爝火者，深慨夫三王臣庶以明末餘竊，不自照燭，妄思西升東墜，遂取滅亡，為可哀也。卷首有論略一卷，持論極有識。又有紀元續表一卷。引用群書一百十七種，又採各省通志及諸家文集、年譜三十七種。其書用編年體，排日紀事。前數卷紀李自成破燕京及南都立國事，最繁重；後數卷紀永明王事，稍簡略。書中多載奏疏、文檄、書牘，為他書所未見者。今亦為劉氏嘉業堂所藏。引用書目附錄於左：

《御覽資治通鑑明紀綱目三編》、《明史》、《通鑑紀事本末》、《三藩紀事本末》、《綏寇紀略》、《大事紀》、《甲乙事案》、《先撥志始》、《明末五小史》、《明季遺聞》、《南北略》、《殷頑錄》、《酌中志》、《求野錄》、《也是集》、《明朝怪異雜記》、《核真略》、《所知錄》、《東明聞見錄》、《足徵錄》、《甲乙史》、《甲乙彙略》、《樵史》、《國變錄》、《忠逆定案》、《國難錄》、《公道單》、《明紀輯略》、《啟運錄》、《明名臣賢行錄》、《崇禎遺錄》、《崇禎宮詞》、《流寇始末》、《甲申忠義傳》、《寇志》、《知寇子》、《三朝要典》、《平寇傳》、《誌忠傳》、《忠義傳》、《續表忠記》、《忠貞軼記》、《偵俠記》、《蜀難紀略》、《亂蜀始末》、《兩廣紀略》、《兩粵新書》、《粵遊記》、《嶺南詩紀》、《倣指南錄》、《閩遊月記》、《維揚殉節略》、《嘐城慘屠錄》、《江陰城守記事》、《江陰守城死事諸人傳》、《江上遺聞》、《海角遺編》、《海濱私記》、《海甸遺聞》、《虞山妖亂志》、《過墟志感》、《閩幕紀略》、《閩中雜記》、《畫壁遺稿》、《安龍逸史》、《滇考》、《滇黔耳聞》、《孫可望據雲貴始末》、《征西機略》、《征行紀略》、《北遊紀略》、《南歸草》、《北墅緒言》、《北墅手述》、《政餘筆談》、《雞窗剩言》、《柳軒叢話》、《思庵閒筆》、《三垣筆記》、《嘯虹筆記》、《堅瓠集》、《翦寇錄》、《誅巢新編》、《萬花金谷》、《談往》、《議撮》、《愚公考略》、《復社紀略》、《太白劍》、《懷秋集》、《遺愁集》、《快心傳》、《桂園夜話》、《蠻司合誌》、《憶記》、《曠園雜志》、《一席紀聞》、《錄異》、《板橋雜志》、《肅松錄》、《後鑒錄》、《冥報錄》、《成仁錄》、《輟耕錄》、《野史》、《義史》、《杞史》、《綏史》、《寄園寄所寄》、《觚賸》、《岳半主人偶編》、《大有奇書》、《西皋外集》、《盛京賦》、《拾燼餘聞》、《殉節錄》。

參考諸書：《畿輔志》、《江南通志》、《山東通志》、《山西通志》、《河南通志》、《四川通志》、《湖廣通志》、《江西通志》、《浙江通志》、《福建通誌》、《廣東通誌》、《廣西通志》、《雲南通志》、《貴州通志》、《常州府志》、《蘇州府志》、《無錫縣志》。

取裁諸書：《李忠毅公年譜》、《華鳳超年譜》、《張玉笥死難事略》、《堵文襄公傳》、《洪承疇行狀》、《吳梅村集》、《陳孝威壺山集》、《侯朝宗集》、《魏叔子集》、《錢牧齋集》、《汪琬堯峰文集》、《錢陸燦集》、《瞿起田集》、《金道隱集》、《戴名世集》、《邵長蘅集》、《朱彝尊集》、《李翰業集》、《沈歸愚文鈔》、《陸銕莊集》。

《流寇長編》

《流寇長編》二十卷，吳江戴笠耘野、崑山吳殳修齡同輯。紀明季流賊始末，起崇禎元年戊辰，終康熙三年甲辰。前十七卷，以一年為一卷，排比月日，記載綦詳。卷十八下，增「甲申剩事」四字，其敘闖、獻事，兼載弘光、隆武、永曆三王事，至桂王為吳三桂戕害而止。末有流寇長編始終錄一卷、補遺一卷。前有自敘二首，痛言思宗好察，好佞，好小人，好速效，好自大，好自用；廷臣善私，善結黨，善逢迎，善蒙蔽，善守資格，善因循，善大言虛氣，煤山之禍眾力所成，闖賊獨受其名耳。其後論列國事敗壞所由，凡四十八事。於天、崇兩朝朝政之窳，兵機之失，言之痛切。是書僅鈔本，為禮邸舊藏，有「宗室之慤公家世藏」、「禮邸珍晛」、「檀尊藏本」、「禮府藏書」四印。伯羲祭酒藏書之一，近為張菊生所得，藏涵芬樓，余借觀記其大略如此。

閱《流寇長編》卷十七，紀甲申三月甲辰日一事，云：「京官凡有公事，必長班傳單，以一紙列銜姓，單到寫『知』字。兵部魏提塘，杭州人，是日遇一所識長班亟行，叩其故。於袖出所傳單，乃中官及文武大臣公約開門迎賊，皆有『知』字。首名中官則曹化淳，大臣則張縉彥。此事萬斯同面問魏提塘所說。」按：京師用長班傳送知單，三百年來尚沿此習，特此事絕奇，思宗孤立之勢已成，至中官、宰相倡率開門迎賊，可為痛哭者矣！

敦煌石室影照本

上虞羅叔蘊振玉喜藏書，耽玩古籍，考訂宋、元版本尤精確。辛亥京師變亂，避地日本西京，乃以所得敦煌石室影照本，影印十八種，皆中土久佚之珍秘，石室遺書之精華。蓋原卷既歸歐洲，東方學者無從窺見，叔蘊節縮衣食為之傳布，俾千年秘笈復顯於世，彌可寶貴。叔蘊於每書後皆有考訂，精博無倫。士鑒購得之。茲列其目如左：

《東山學舍精印鳴沙石室佚書總目》、《隸古定尚書》、《麋信春秋穀梁傳解釋》、《論語鄭氏注》、《六朝寫本晉紀》、《春秋後國語》、《閫外春秋》、《水部式》、《沙州圖經》、《諸道山河地名要略》、《十道志》、《張延綬別傳》、《太公家教》、《陰陽書》、《星占》、《修文殿御覽》、《唐人選唐詩》。

右十八種，用玻璃版上等宣紙精印，大小悉照原卷尺寸，與原跡絲毫不爽，誠奇觀也。前十七種均為原卷舊題；惟唐詩一種殘闕，無標題，叔蘊以所寫皆唐人詩，又確為唐人寫，乃以《唐人選唐詩》名之云爾。

宋槧《劉夢得集》

日本平安福井氏崇蘭館，多藏宋、元板本舊籍，中有宋槧《劉夢得集》三十卷，外集十卷，為東山建仁寺舊藏，相傳千光國師入宋時齎歸，後歸福井。陽湖董授經康，收藏考訂與叔蘊相伯仲，壬子之春，相將東渡，僑居西京，崇蘭館藏書遂得遍覽。劉集首尾完善，乃假歸，以珂羅板影摹，佳紙精印。集每半葉十行，行十八字，中縫有刻工姓名，書體遒麗，純仿《開成石經》，真海內奇寶也。授經自跋謂：「際此流離轉徙，牽於結癖，投擲巨貲，以印此書，殊不自量，然獲此百部行世，不啻貽傳百部真本。舉凡舊鈔明刻，訛謬相繩，藝林嚮奉為珍秘者，可概供覆瓿。」於中山是編功非淺鮮。讀是跋，為是書幸，又為董君慨矣。

《西湖老人繁勝錄》

《永樂大典》卷七千六百三杭字部，有《西湖老人繁勝錄》一卷，向無傳本。甲寅冬，繆筱山得於京師，後歸菊生，刊入涵芬樓叢書。惜魚豕滿目，余粗為校正之。其書雜記臨安故事，自歲節朝賀、孟夏詣景靈宮、佛生日、端午節、六月六日崔府君生辰、暑月納涼、孟秋行幸、中秋觀潮、冬孟駕詣景靈宮、寧宗聖節、一陽節、預賞元宵，以及春教秋教殿司諸軍水教，次第鋪敘。上自朝儀，下至市易、僧尼、瓦子、勾欄、戲劇，凡器用、飲饌之屬，纖悉畢具，亦《武林舊事》之亞也。

《永憲錄》

《永憲錄》六卷，江都蕭奭撰。卷首紀祖宗創造制度，卷一紀康熙六十一年事，卷二紀雍正元年事，卷三紀雍正二年事，卷四紀雍正三年事，卷五紀雍正四年事，卷六紀雍正五年至六年二月以前事。鈔本每葉中縫有「唫梔僊館」四字，惟一卷書「周氏小嫏嬛館」，蓋兩家合鈔本也。此鈔本先大父舊藏，同治七年自太原南歸，行河洛間時，積潦數百里，車行至艱，載書之車屢覆，往往墮泥淖中，夏抵杭州，發篋則書為水戹，多朽腐不可收拾，此本文字亦大半殘缺，其可辨識者十之六七耳。余嘗摘錄其自敘文，曰：

恭惟聖祖仁皇帝，聰明□□□□文武，享國六十有一年，深仁厚澤，淪浹萬方。我世宗憲皇帝繼□□統，峻德豐功，殊恩異惠，不崇朝而遍海宇，重熙累洽，□□□□。小臣伏處草茅，生逢聖世，每思歌詠□□。皇史實錄，所未得見。歲壬寅□□□恭載□□□授受之時，適閱邸鈔，因略記大端。既伏讀登極詔，引孔子三年無改之義，且有永遵成憲不敢更張之旨。故復蒐集甲辰及戊申二月以前事，備諒陰後三年，而實見我世宗憲皇帝寧人敷治，事事必推本於先帝；成模大烈，善則歸君之美。孝思所至，蟠際上下，日月合璧，五星連珠，而天昭其瑞，河清五省，穀秀九歧，而地啟其祥；百歲駢登，三男並育，而人臻其慶。千古未有之事，萃於千古未見之時。且草野遺賢，盡搜羅而在列；積賦浮租，悉蠲除以更始。明良喜起，物阜民安，何其至哉！若夫放流誅殛，聖代豈廢兵刑，彼天潢覬覦之萌，由十年儲位之虛，愚氓浮議，□□□一二奸頑造作無稽，以汙人聖德惑眾，聞究之霧□□□世宗憲皇帝之光明正大，昭然億萬臣民之心目，亦諸人之自絕於天耳。□□因時變易，罔非監於先世舊章，今上皇帝復加裁酌，必曰奕祖攸行，此聖祖仁皇帝所以垂法萬世也。集既成，其中殘失良多，以俟多聞者續之。或曰：「不慎，其以僭妄取戾歟？」小臣曰：然然否否。生太平之世，飲和食德，皆當不忘累朝之盛美，況丁未秋，有一切詔旨許官吏記載刊刻共曉之令，遂竊取以有斯編，奉揚詔意，名為永憲云。其凡例附後。乾隆十七年歲在壬申，嘉平上浣，江都草澤臣蕭奭拜手恭紀。

按是書世鮮傳本，繆藝風前輩得殘本一卷，刻入叢書，欲得余家殘本補之。時客海上，未暇歸檢藏籍，後數年而藝風歿矣。鈔本闕字太多，今掇拾記此，以存概略云。

杭州古志

杭州古志，北宋圖經無考，至南宋而有臨安三志。乾道志十五卷，惟壽松堂孫氏藏宋槧殘本三卷，採入《四庫全書》，其後凡三刻：仁和丁氏《武林掌故叢編》本、仁和孫氏影宋本、會稽章氏四川刻本。淳祐志，存者僅六卷，見阮文達《四庫未收書目》，胡書農學士從《永樂大典》錄出，釐為十六卷，於寺觀獨詳，見學士《崇雅堂詩集》自注。丁氏《武林掌故叢編》本八卷，題曰《淳祐臨安志輯逸》，蓋原稿經亂又佚其半矣。

咸淳志百卷傳鈔本，得九十六卷，則錢塘汪氏振綺堂影宋刻本也。

《松月堂目下舊見》

順德李仲約侍郎藏《松月堂目下舊見》六冊，鈔本，不著編輯人。侍郎據書中「康熙三十五年二月三十日隨上親征」及「先考皇八子」云云，定為廉親王允禩之子。允禩，於雍正四年命圈禁高牆，改名阿其那者也。書中記載，首國初創業主帥，次天聰年主帥，次順治年主帥以及議政大臣、參贊大臣、隨征明大臣，次康熙年議政大臣、參贊大臣，雍正年議政大臣、參贊大臣、軍機大臣。乾隆年議政大臣、參贊大臣、軍機大臣，次宗人府，次領侍衛內大臣，次散秩內大臣，次內閣，次翰林院，皆詳著爵秩姓名，及任事年月。議政、參贊以下，並詳其升、授、署、調、降、革、薨、卒，漢人或注其籍貫。天潢貴冑能秉筆紀述，至為難能，而其書不傳，可歎也！

《目下舊見》首葉載詩一首，云：「可嘆當年一念差，因何流落帝王家，我本西方一衲子，黃袍換卻紫袈裟。」蓋世祖之作。舊時傳世祖棄臣民，實遁跡為僧，疑為齊東野人語。吳梅村清涼山讚佛詩，相傳詠世祖端敬皇后董鄂氏事，有指《目下舊見》所載詩為證者。細繹詞意，疑是世祖未升遐之前所作語，若禪悟，不可臆斷也。

《繡谷亭熏習錄》

吳尺鳧《繡谷亭熏習錄》稿本，舊藏瞿氏清吟閣。庚辛劫後，丁松生得集部稿本二冊，起楚辭，終明人別集，凡二百一十餘種，惟闕總集。《清吟閣書目》亦為丁氏所得。據書目，《繡谷亭熏習錄》八冊，此當是原書第六、七冊。近歲丁氏書散出，湘潭袁伯夔得之。仁和家印臣昌綬又得經部《易》類一冊，乃與集部並為校刊。《易》類凡一百五種，原冊內有附記一紙，備載子目：《易》一百二十九、《書》三十、《詩》三十一、《春秋》五十九、《周禮》十三、《儀禮》十、《禮記》

二十三、《三禮》六、《樂》八，是《易》類尚闕二十餘種，似為未成之稿。同里先正遺書放紛，斷璧殘珪，彌可珍惜。印臣好右〔古〕勤學，尤有足多者。

《訂訛類編》

湘潭葉奐彬吏部藏杭堇浦先生《訂訛類編》六卷，其目曰義訛、事訛、字訛、句訛、書訛、人訛、天文訛、地理訛、歲時訛、世代訛、鬼神訛、禮製訛、稱名訛、服食訛、動物訛、植物訛、雜物訛，凡十七類。自序言：「丙寅春，海寧門人范鳴遠鶴年邀予作觀海之遊，因寄其聽濤樓者幾半載，爰出是編與老友俞正之楷共相訂質，暇時遂次而編輯之。」按：是書無刊本，舊藏漢陽葉氏平安館，奐彬將梓行之，長沙變亂之餘，此事遂廢。

《句餘土音》

全謝山《句餘土音》三卷，嘉慶間廣州有刻本。癸丑，吳興劉承幹貞一得鈔本八冊，分為三十二卷，鄞人陳銘海星涯注。銘海，諸生，性嗜書，手鈔鄉先輩詩文集盈篋，卒年七十七，著《鷗雨山莊詩草》，見光緒《鄞縣誌・藝文》七。注文極繁富，不免博而不精之弊。卷一至卷二十八，皆甬上故事及詠四明土物；卷二十九，為擬薤露詞，凡七十五首；卷三十至三十二，為甬上雜歌，皆為明季忠義而作，江東風節，照灼千古。甬上一隅，遺聞軼事可傳者如此之眾，以今絜古，當何如耶？

郝蓮所選清人詩

杭州駐防旗人郝蓮，字青門，號飯山，自號石甑山樵，著《說餅齋吟草》。丁氏《杭郡詩三輯》採其詩，誤作錢塘人。近烏程劉翰怡得其所選國朝人詩凡五十六冊，蓋從朱氏結一廬散出者，與華陽王雪岑所藏二十冊，紙墨一色，皆精鈔本，搜採極博。余從兩家借觀，綜其所採諸書凡三十八種，皆總集也，編次體例尚未盡善。窺其選錄之旨，實主闡幽。卷首以亭林為之冠，明季遺老甄錄最夥，或繫小傳，遺聞軼事往往而在。起國初，訖乾嘉間。詳於山澤而略於臺閣，以詩存人，用意良厚。每卷尾間，自記校讀歲月，始於庚寅，訖於乙未，用力可謂勤矣。翰怡欲為劍龍之合，余謀諸雪岑，慨然諾之，亦文字中一重公案也。

余記此後兩月，復得三六橋都護所刊《柳營詩傳》云：「青門善畫耽吟，終身不娶，蓄書數萬卷，著《西湖竹枝詞》、《說餅齋集》，嘉慶初浙江布政南昌劉鈇為刊詩一卷。」

郝氏詩選中有朱彬儒、龔藍田、張元麒三人詩，皆杭人，為《詩輯》、《續輯》、《三輯》所未經搜及者，亟錄存之。

朱彬儒字錢湖，錢塘人。《冬日同郝青門俞蕢香遊龍門嶺》：「探奇須絕頂，雙屐躡層雲；木落山逾瘦，澗深泉不聞。偶逢樵牧侶，暫與鹿麋群；目極蒼茫際，前峰正夕曛。」《仲春作》：「鳴榔驚曉夢，新水溢方塘；日暖花如醉，春晴草亦香。湘簾籠翡翠，芳砌睡鴛鴦；無事研書坐，鶯啼晝漸長。」

龔藍田字是璋，號半聾，錢塘布衣，精篆刻。《送別吳子俹思歸里》：「寒風欺瘦骨，悵望白雲留；縱有千尊酒，難銷萬斛愁。覆巢危已甚，結隱念應休；料得高堂在，相憐戒遠遊。」《送劉子小山》：「千山連抱水環圍，聽唱驪歌送客歸；惆悵別情誰得似，江南江北雁分飛。」

張元麒字孔書，號樸庵，錢塘人，喜吟詠，善飲酒。憶三十年前朝夕過從，嗣出，各為饑驅，而樸庵兩遭回祿，四喪其妻，年五十甫得子，居室又遭煨燼，於是席捲一空，潛居江口，旋聞病歿。余與蕢香往訪，盡日不得其居址，蓋其耿介之性恥於干人，寄居外家，鄰里不知其姓。其後屢詢居人，言其外家亦已遷移，不識又在何處，不特其詩稿不可得，即其子亦不可知。茲於舊篋中得其寄懷詩一首錄後。《秋日寄懷諸友》：「憶自論交久，憐予見日疏；豈因鴻雁少，不寄一行書。別後秋將晚，相思月落餘；問君重九日，把酒意何如？」

右三人皆窮巷癯儒，姓名不出里閈，郝氏以故舊之交，錄其數什，幸而獲存，不可聽其湮沒也。

又《續輯》卷三十二，有陶鑾，錢塘人，字兩峰；郝選作磐，錢塘布衣，字淨蘅，有《兩峰草堂詩鈔》。《三輯》卷十九，有陸涸，字文水，錢塘人；郝選作錢塘舉人，有《螺峰草堂集》。

《明詩紀事》

陳松山給事田輯《明詩紀事》百餘卷，所收明人別集五百餘種、總集二百餘種。國變後，貧不能出都，乃以此七百餘種之書全售於日本人。先是，張菊生聞陳書至滬，將籌二千金購之，未及議值，而先為東人所得。惜哉！

南宋《寶祐四年登科錄》

莊芝階舍人家藏《寶祐四年登科錄》，榜首為文信國，而陸秀夫、謝枋得並列二甲。天水將亡，而是科人才獨盛，黃薌泉先生嘗為長歌詠之。按錄中凡六百一人，其最著者：二甲第三人羅椅，廬陵人，饒雙峰高弟；四甲第四十一人柴隨亨，與其兄弟隱於櫸林九磜之間，人稱柴氏四隱；四甲第八十一人陸夢發，官太府寺丞，有《烏衣集》；四甲一百五人黃震；四甲第一百十七人舒岳祥，學者稱閬風先生；五甲第三十八人薛嵎，有《雲泉集》；五甲第一百二十一人胡三省；五甲第一百七十人陳著，有《本堂集》。是科覆考檢點試卷官為王應麟。錄首載六月一日准敕依格賜進士期集錢一千二百貫文、小錄錢五百貫文；七月一日准省札，為期集所支用不敷，再給降題名小錄錢一千七百貫文，並見詩注。劫火以後，此錄不知尚在人間否？

《武林覽勝記》

堇浦先生著《武林覽勝記》四十二卷，無刻本，友石山房高氏藏鈔本，題「仁和杭世駿大宗輯，東里盧文弨召弓校」。其目為水利、堤塘、橋樑、園亭、寺觀、祠宇、古蹟、名賢、方外、物產、塚墓、碑碣、卷帙、書畫、藝文、志餘、外紀，體例與《西湖志》相近。志餘、外紀各卷，採摭尤備。舊為何春船元偉藏，又有「何夢華元錫」印。春船錄《兩浙經籍志》一則於卷前，云：「賜書堂孫氏嘗以此書進呈，外間稿本流傳絕少。」

《寒夜叢談》

《寒夜叢談》三卷，仁和沈梅村赤然撰。曩錄入《杭州藝文志》，未見刊本，比得新陽趙氏光緒乙酉刊本。第一卷談理，取前哲之美言寓言有關於持身接物者，蓋刺取諸史諸子精言而發明之，體類連珠，而不作駢儷語。二卷談禮，自敘謂邇來吾鄉喪葬婚嫁諸禮多不合於《禮》，因舉古禮而以今俗類舉之，以示砭俗之義。三卷談瑣，多述官直隸時所聞見，頗關掌故。末附論作文、作詩及學書，凡數則，蓋為其子弟輩道也。先輩隨筆纂錄，皆不虛設如此。

吳農祥遺稿

吳星叟徵君農祥，撰著宏富，見於乾隆《杭州府志・藝文》者凡三百四十二卷，而世間傳本絕鮮。相傳徵君遺稿藏蕭山王小穀太史家。丁氏八千卷樓藏徵君手稿二十九冊，其後丁氏書歸江南圖書館，此本乃復出於金陵市上，孫康侯峻得之。余又見楊見心家有《流鉛集》十六卷，一章藻功序，方文輈粲如選定，徵君子裕僧彌校字，嘉慶丁卯泰州宮節溪增祜藏。跋云：「遊京師時，王徵君平圃所贈，平圃則得諸浙人云。」

杜集袖珍版

儀徵鄭楓人澐官杭州知府日，嘗刊《杜集》，曰玉句草堂本。其自敘謂：「《杜集》槧本不下數十百家，箋釋註解，言人人殊，乃取舊本之善者刊為袖珍版。勞人僕僕舟輿，便行篋也。箋注概從刪削，以少陵一生，不為鉤章棘句，以意逆志。論世知人，聚訟紛如，蓋無取焉。」余舊藏此本，行役萬里，必以自隨。楓人有《玉句草堂詩集》，未見。楊芷姓《雪橋詩話》中載其一詩，又有詞三卷，為其婿竹友所刻。

張問陶日記

張船山日記二冊，自題為《己庚雜記二卷》，首葉五行云：「此乾隆己酉、庚戌冬春之際，從棧道北上紀程之書也。僕戊申春北上，己酉夏西還，己庚之際又北上，辛亥夏又西還，遊雲棧四，此其一也。惜前後三次皆無日記，聊存此以為談助。嘉慶丁巳正月元夜，重訂於京師。」末一葉自序云：「武陵漁父入桃花源，及歸，處處誌之，蓋桃源人自忘情，而漁父固有情人也。余北馬南船，足跡半天下，然煙雲過眼，情隨事遷，每於燈窗默坐之餘，偶一追念舊遊，往往昏如隔世，以今視昔，感慨深矣。近自己酉閏夏以來，訂散記一編，一身之動靜喜怒，逐日記之。家居從略，出遊則瑣屑必書。日積月增，濫如市儈問酒肉帳簿。東坡詩云：『泥上偶然留指爪，鴻飛那復計東西。』余亦恐歲月易遷，浮跡難定，聊藉此以留之而已。遂州張問陶，夢名麟青，書於鳳縣客舍，時乾隆五十四年，除夕前一日燈下造。」冊中所記，纖悉必詳，每雜以詼諧之詞。排日有詩，以詠史事者為最勝。其夢名麟青，他書所未見也。舊為姚伯昂所藏。伯昂，船山門下士。道光乙酉得於廠肆，今在張紹原元普家。

《雲南備徵志》與《滇繫》

山陰王樂山某，在阮文達滇督幕府，與修《雲南通志》，與文達持議不合，辭去，著《雲南備徵志》若干卷，以示師荔扉。荔扉同時著《滇繫》一書，亦與《通志》有異同也。《滇繫》既刊行，樂山所著世尠知之。前乎樂山者，有倪某在鄂文端幕府，著《滇雲歷年傳》，滇中有刊本。倪氏後人流寓昆明，版尚存，而印本絕少。樂山《備徵志》，葉柏皐提學滇中，嘗以稿本寄上海商務館印行之，惜尚缺五卷，無可蒐尋矣。倪君佚其名字，性兀傲，居文端幕，每晨起即收拾臥具，中弆白金百，以備資斧，至夕始啟之，日以為常，蓋示偶不合即襆被去也，時人目為「倪怪」云。

《煙海紀聞》

《煙海紀聞》鈔本八巨冊，不著撰人姓名，自署曰閒園散人，紀道光間禁煙事。首錄黃鴻臚摺子；次廷臣會議摺及諭旨；次林文忠擬議章程摺二、片奏二，附戒煙藥方；次林文忠為欽差大臣諭各國夷人文一道。此後記載，不分門類，略次年月，凡上諭十六道，浙撫、閩督、浙提督、江督、廣督、直督前後奏摺十八、奏片三，四省督撫會奏摺一，欽差伊里布奏摺一，楊提督奏摺一，廣督撫諮浙撫藩、諮欽差伊諮文各一，漳州知府、乍浦同知稟各一，裕撫致周督書一，林文忠家書一，粵人致閩人書一。又英國人呈皇帝文、照會閩提督文、偽示文、致定海地方官書各一，又白夷供詞一，又雜採粵東日報、各州縣探報，全粵義士公檄、三元里義民告白、小說目錄、感事詩、日記、書札、謠文之屬。最後則夷人照會及要求款目、奏定和約摺子。而以廷臣議覆收稅事宜摺子終焉。揣其詞意，似是粵東人所為。雖編次漫無條理，而於此案本末大略已具，亦足資後來考鏡矣。

《朝鮮詩錄》

先工部兄手鈔《朝鮮詩錄》，凡四冊，蓋從洪洞董研秋檢討文渙借鈔。第一冊自偰遜、鄭夢周以下至女道士許景樊各詩，皆全錄《明詩綜》。自王徽以下至高麗妓德介氏止，凡十家，似是入國朝後詩人。其後又錄鄭夢周詩，幾盈二冊，繁簡失當。又自柳得恭至李豐翼二十九家中，如申錫愚有與馮魯川、王霞舉、黃翔雲倡和之作，朴珪壽有贈沈仲復、董研樵（即研秋）之作，趙雲周、徐衡淳、申轍求、宗源奎、趙徽林均有和仲復、研樵、霞舉、翔雲之作，徐相雨有懷倪豹岑、方小東、李芋仙之作，俞致崇有同許海秋、黃翔雲、王顧齋、董研樵謁顧亭林祠之作，則皆同治初來遊京師者。二百年來，朝鮮詩人奚止此數，董君採輯未博。以其為先兄遺墨，且首尾精整，無一率筆，乃裝治而謹弆之。

《石經儀禮考文》不許兌入浙江

阮文達《石經儀禮考文》書面有一木記，曰「濂溪周氏書屋刊，在蘇揚發兌，奉憲諭不許兌入浙江。」此語殊不可解。

再記《西湖老人繁勝錄》

《永樂大典》卷七千六百三杭字部，有《西湖老人繁勝錄》。繆藝風前輩得於京師，以貽張菊生，刊入涵芬樓秘笈。是錄紀南渡臨安繁盛之狀，自來未見著錄。鈔本不精，訛敓滿紙，菊生屬為校勘。客舍無書，僅為校正訛字，疑者闕之。西湖老人不詳其姓名，錄稱寧宗聖節，又言慶元間油錢云云，似作追溯語，當是理、度兩朝時人。所紀起歲節聖駕登殿奏賀，訖於守歲飲酒、雪夜散絮胎紙被、飯貼子諸事，皆按歲時月日次第記事。其大者，若郊壇祠祀、禁中大宴、春秋教場、登門放赦；其細者，市易、僧尼、戲劇、瓦子、勾闌，凡器用飲饌之屬，纖悉畢具，間以市井俚語，如操土風。凡有標題，不復提行。遠不逮《夢粱錄》、《武林舊事》體例之善，大抵信筆記述，與吳自牧、周密有意著作者殊科。然如所言金國奉使賀生辰一節，及京都有四百四十行及四山四海諸名目，多出於二書之外。當日行都富庶，朝野酣嬉之象，殆可於言外見之。涵芬樓刊成後，原本不知何緣復出？孫康侯於滬上書攤得之，自秣陵寄示，乃重識其緣起如此。

陳僅著述

鄞人陳僅，字餘山，又號漁珊，道光間官陝西，歷延長、紫陽、安康諸縣，有惠政。所著《濟荒必備》一卷、《捕蝗彙編》四卷、《南山保甲書》一卷、《竹林答問》一卷、《讀選意籤》一卷、《文莫書屋詹詹言》二卷、《繼雅堂詩集》二十卷。其《王深寧先生年譜》一卷，訂錢竹汀王譜之訛，尤四明文獻所繫也。

胡珽

仁和胡珽，字心耘，官太常寺博士，僑居吳下。好收宋元舊本書，手自校勘，有得即記。與吳葉廷琯調生友善。咸豐庚申冬避亂滬瀆，辛酉四月歿於旅舍，年四十，藏書散亡。所著《石林燕語集辨》、《嬾真子錄集證》二書，皆未刊。余輯《杭州藝文誌》，錄其目以存其人，蓋里中無復有知其人者矣。調生《吹網錄》卷五，附載其所記校勘語十二條，則亂後追憶，病中以屬調生者；卷六，載心耘輯字文紹奕事實六條，尤吉光之片羽矣。

丁景鴻詩

吾郡丁蘗園禮部澎，與仲弟景鴻弋雲、季弟灤素涵，並有詩名，時號鹽橋三丁。先高祖暨先大父兩輯《杭郡詩》，蘗園、素涵詩皆入選，求弋雲詩不得一字，先大父嘗以為恨。後四十餘年，丁丈松生踵前例為三輯，得弋雲詩數首。劫火之餘，獲此零璣碎玉，殆所謂曠世相感者歟！又前輯求周介石禹吉詩，亦不可得，僅於蘗園傳後附載名字，丁丈又得之，拾遺之力可謂勤矣。

柳枝詞

青浦王蘭泉先生主講敷文書院，嘗以《西湖柳枝詞》課士。時阮文達公為巡撫，謂自鐵崖沒後五百餘年無繼聲者，而鈍翁《姑蘇柳枝詞》和者亦尟，因遍徵吳越士大夫同作者凡數百人，文達序而行之。今此詩刊本不可復得矣，《湖海詩傳》僅載山陰吳傑、分水章柱、歸安邵保和三家。

《式敬編》

楊靜巖景仁，嘉慶乙丑進士，官刑部，著《式敬編》，皆當官為政之要舉。前代善行，分類記述。中有恤囚一門，道光間張仲甫舍人剌取刊行，蘭渚侍郎署「司獄法戒」四字，以貽各省府州縣司獄、吏目、典史各官，用意良厚。今廢按察使，改設法官，新法待獄囚主寬仁，然未若此書所述寬嚴得中無流失也。

章學誠事略及遺書本末

桐城蕭敬孚穆，記章實齋先生事略及遺書本末。鄉邦文獻，後生小子罕知之者，今全錄之。

實齋先生姓章氏，世居浙江會稽之道墟。其祖父以上，嘗客遊北方，遂入大興籍。父鑣，曾登乾隆元年丙辰恩科順天舉人，官湖北應城縣知縣。先生幼讀書而資極魯鈍，其父頗以不能世其家為慮。顧先生資雖魯，而好深湛之思，隆冬盛夏，讀書恆至午夜不倦，每有所得，輒筆之於書。年十六，其父官湖北某縣時，彼地有柯先生善教學，其父延入官齋督之學。先生自經柯先生指授，學乃大進，尤好讀乙部之書，常有論說。年四十，應乾隆四十二年丁酉順天鄉試，乃改歸會稽原籍，中式舉人。戊戌成進士，歸班銓選，後官國子監典籍，又改知縣，不到省，主講直隸蓮池書院及永平府、河南歸德府各處書院。中間又應安徽之和州，直隸之永清，湖北之天門、石首，安徽之亳州各州縣聘修志書。

至乾隆五十六、七年，兩湖總督鎮洋畢秋帆制軍創修《湖北通志》，特請先生為總纂，又延一時英俊數人為分纂。先生乃別出心裁，發凡起例，推陳出新，為同事諸人所駭。先生於諸分纂中，除其老友桐城胡雒涒徵士虔外，一概以奴隸視之。諸分纂積不能平，因先生為制軍所重，無敢誰何，一時不敢不唯唯聽命。逾年，高宗純皇帝特命畢公入覲，別委他人署湖督，而先生勢孤。畢公回任尚遙遙無期，一時分纂諸人，各於當道讒言蜂起，且指摘先生所筆於例不合，籤條百出。而諸當道均於修志事不甚了了，乃以諸人批駁各條令先生一一覆荅。先生乃為駁議一冊以復之，且力詆分纂諸人一無所知，妄肆譏評。知勢不能為，乃作書以謝畢公，即以己所總纂各類席捲而去。又以年已六旬，精力漸衰，遂不復應當代名公之聘。

嘗一訪舊交左良宇、胡雒涒於桐城，居數月，縱觀龍眠之山水，顧而樂之，將有終焉之志，遂回紹興，卜居於塔山之下。牙籤萬卷，明窗淨几，乃取笥中逐年所著，分冊命鈔胥繕為清本，凡三、四十巨冊。特造蕭山王晚聞太史宗炎家，託為細加編訂。王公應命，精心鉤稽，逾年乃就，時在嘉慶六年辛酉。書成而先生歸道山，享年六十有四，王太史乃將所訂本仍歸先生長子華紱。

數年後，華紱力不能刊，乃求華亭姚春木徵君椿，只就《文史通義》一種，選刻內外篇五、六冊，刊本行世。最後，章氏子孫於全編力不能守，乃歸之鄉人沈霞西。沈氏家有四萬金藏書。至咸同之間，沈氏家亦漸落，乃將四萬金之書悉售之於揚州書賈，而章氏之書又為紹興水澄巷某書坊得之。又數年，先生族人章小雅以重資向某書坊購出，遂挾此書回道墟。中途遇大風波，舟覆，小雅力抱此書躍水而出，此書遂一逃於水厄也。

至光緒甲午年，小雅病歿，書又歸諸乃兄壽康，穆均得時時假閱之。王太史將書分三十卷，前為《文史通義》內外篇，凡十二冊；中為《文集》內外篇，凡十冊；末為《湖北通志稿》，凡八冊。《文史通義》係論修史各條，與唐人劉知幾分道揚鑣。劉氏所論為史法，先生所論為史意；劉氏乃論官局纂修，先生所論為一家著述。體大思精，遠過劉氏。《文集》多當代名人碑傳及熙朝掌故，文筆與《文史通義》不同，即以古文而論，亦不愧為一代作者，竹垞、西溟諸公所不及也。《湖北通志》雖未成書，而所纂各類及其序例，均出前人意表，實在阮文達、謝蘊山二公《兩廣志》之上。先生之書，大旨如是。光緒戊戌，章壽康以貧故，託穆將此書作押於歸安，吳申甫出三百金得之。未幾，吳氏書坊失火，吳君狂奔，將此書自火出之，乃歸周萊仙，此書又一逃於火厄也。

周萊仙封翁平日素服膺章氏之學，將募人照王太史所編分卷繕寫，欲為付梓。乃鈔甫完工，周君物故。其鄉人言，周氏子孫欲力要穆代贖，日再三催之。穆念此書兩遭水火之厄，非章先生默自嗬護，不得兩全，擬籌資且將此書代贖，募資付梓，不欲此書自我而亡焉。沈子培先生命書原委，穆舊有記載及所為章先生別傳兩文，鈔入文集，未及攜出，乃將兩文大意節錄一篇，以應先生之命云。

癸卯九月二十四日，桐城蕭穆草於南昌府署西室之寄舫。

《道聽錄》手稿

焦里堂《道聽錄》手稿凡二十巨冊，中似分類，蓋讀書隨手紀述者，老輩勤學精力過人有如此。其中所記，多國初雍乾間人文集中語。然如全謝山集，當里堂時人間尚無刊本，故據以為異聞，今則人人知讀《鮚埼亭》矣。

《中書典故》

仁和王正功字莪山，又號拙餘，著《中書典故》八卷。書分六門：曰官制、曰職掌、曰儀式、曰恩遇、曰建置、曰題名，末卷為雜錄。前有杭堇浦序，後有乾隆五十七年錢塘趙輯寧素門跋。又乾隆三十年自敘一首，言官內閣二十年，由中書舍人升典籍，出為襄陽同知，告歸，乃成是書。首葉有字數行，言刻板字不必大，每葉幾行，行幾字云云，蓋將付梓而未成者。乾隆《杭州府志・藝文》列此書目，今乃得睹鈔本。《杭郡詩三輯》有王正功詩二首，僅書錢塘人，無小傳，並不知其仕履。得此帙，可以補丁氏之闕矣。素門為次閒先生之琛父，《杭郡詩續輯》作趙篔，或以避寧字故改名耳。

《西域考古錄》

海寧俞浩撰《西域考古錄》十八卷：一蘭州府，二西寧府，三涼州府，四甘州府，五肅州直隸州，六安西直隸州，七鎮西府，八迪化直隸州，九伊犁惠遠城，十塔爾巴哈臺，十一喀喇阿爾，十二庫車，十三烏什、阿克蘇，十四葉爾羌、和闐，十五喀什噶爾，十六西藏，十七《蒙古源流》書後，十八記魚通各土司、俄羅斯考略。有東昌知府海鹽朱錦琮序，稱其「遍採緗素，實事求是。邊塞之險要，疆域之沿革，今昔之形勢，攻守之難易，縷析條分，瞭如指掌。其時，欽定《新疆識略》尚未進呈頒行，四香以其見聞編纂成帙，粗具梗概，圖說皆略，要亦大輅之椎輪矣。」浩字湛持，號四香，嘗遊山左，客先大父幕中。《花宜館詩》中有「窮愁一意著奇書」之句，為四香作也。

《小墨林詩鈔》、《雜著》

項蓮生孝廉鴻祚，善填詞，有《憶雲詞》甲乙丙丁稿四卷行於世。許邁孫丈重刊；譚復堂撰傳，謂其詩不多作。今崔磐石方伯得其《小墨林詩鈔》、《小墨林雜著》手稿凡四冊。詩曰《焦尾琴》，以其家不戒於火，詩稿盡焜，追憶得之者；曰《枯蘭集》，則以喪其姬人，多幽憶怨斷之音。《雜著》為駢散文及箴銘之屬。卷端有許文恪、勞季言小印。劫火所遺，惜無好事為之刊行也。

《儒門法語》

《儒門法語》，長洲彭南畇先生集先賢語錄以訓士者，蕭山湯文端公重刻之，道光己酉徐梅橋制府澤醇又刻於蜀。咸豐初元，先大父寄示先君子，冊首書云：「辛亥九月自成都寄彥偉收。讀書之暇，取而覽之，便知終日擾擾，有多少可愧處；隨處檢點琢磨，即是聖賢教人改過工夫，於身心自有益處。修餘老人識。」慶坻珍弆此冊，時時展誦。文端跋語曰：「非知之艱，行之惟艱。」是所望於躬行實踐之儒，讀之彌懍懍焉。

《酒志》

先曾王父夔州府君，博極群書，仕不廢學，嘗撰《酒志》二十八卷，為目十二：曰原始、辨性、述義、備注、詳品、稽典、列事、紀言、考器、徵令、錄異、識餘，徵引書目多至千數百種。稿本存道福堂書樓。比寇亂，群書散亡。同治初，余歸自晉陽，檢拾殘編，僅得卷十三稽典五、卷十四列事一、卷十五列事二，凡一冊，至可痛惜。爰裝治成帙，俾後人永寶之。冊面字為公遺墨，卷中黏簽增補者凡數十事，蓋稿成後續增者。

魯宗山著述

嘯梧司馬宗山，姓魯氏，博學強識，與鄧笏臣、俞小甫、邊竺潭、吳晉壬合刻所為詞為《侯鯖詞》，其詩曰《窺生鐵齋集》，又《希晦堂雜著》若干卷。

《柳營詩傳》

杭州駐防三多，字六橋，撰《柳營詩傳》四卷，蓋裒集杭州滿洲駐防營中諸老輩之詩。自巴泰以下至玉昌。凡三十人，又閨秀二人，末附為詩餘者三人。篇什雖不甚多，而百數十年間滿營文物之盛，約略可見。其書刊於光緒庚寅、辛卯間。二十年後遂有黍離之歎，是書之存，不可謂非幸矣。前有俞曲園師序。六橋自言採錄各家專集；其無專集者，採諸廷澐巖《武林城西古蹟考》。澐巖姓巴爾達氏，廩貢生，工畫能詩，著《蒼雪齋詩》、《湖山勝蹟補遺》、《武林城西古蹟考》八卷，今亂後不知其書猶存否？又盛愷庭丈元，嘗著《杭防小志》，亦未刊行，亂離之後其家子姓凋落，此書遂不可問。

《灌記》

灌縣彭洵，字古香，為陝西知縣，有循聲，歸田後撰《灌記》四卷。卷一輿地記，言「古繩橋俗名索橋，宋名評事橋。國初，橋已久廢，惟設義渡以濟。嘉慶八年，邑知縣吳君仿舊制重建，始更名安瀾云。」謹案：先曾大父官灌縣知縣，實成此橋。《小羅浮山館集》有詩紀其事，先大父《花宜館詩鈔》中亦有詩。道光間東軒吟社嘗以命題，胡書農學士諸公詩，見《清尊集》。

《鐵華山館詩稿》

家筠軒先生《鐵華山館詩稿》八卷，分《水石吟》、《覃懷紀行詩》、《江皋集》、《初衣集》、《初衣續集》，詩多憂時感事之作。其《初衣集》自識有云：「偶有所觸，輒增感愴，劃然而嘯，不自知涕泗之何從也。」《初衣續集》自識云：「劍南詩『心遊萬里關河外，身臥一窗風雨中』，語極惻楚，『平生所學為何事？後世有人知此心』，則頗激昂自負。年來拈管，謝惻楚而喜作激昂語，亦豈知激昂之無非惻楚哉！」蓋先生官戶部郎，直軍機處，咸豐庚申之變，先生隨恭邸留京，抗阻和議，請殺巴夏里，時不能用，為同列所擠，辭樞廷差，以道員候選授江西鹽道。告歸，創鐵華吟社，首尾凡九年，年八十一而卒。其詩如《讀宋史》六首、《江城懷古》四首，皆隱痛於宗社蒙恥，外侮日深，如聞雍門之琴、漸離之筑矣。

卷六

遼刻石經柱拓本

涿州馮俊甫孝廉，貽我遼刻石經柱拓本八紙。柱凡八面，俗稱為八棱碑，沙門惟和書。首行文曰「大遼涿州涿鹿山雲居寺續秘藏石經塔記」。又得房山西峪寺石經拓本凡一百二十三紙，則俗所稱小西天寫經是也。

涿州雙塔諸碑記

涿州城東北隅有雙塔，俗呼為南塔、北塔者。塔前有金天會十年智度寺供養塔燈記，又明嘉靖十三年重修智度寺鍾鼓樓碑，又嘉靖十四年新建智度寺天王殿記碑，頓詵〔銳〕撰。國朝順治二年重修智度寺碑，馮銓時為禮部尚書、宏文院內院學士。按：二塔皆唐時建，智度寺在南塔下，雲居寺在北塔下，寺久圮，二塔皆完好。塔四周刻佛像，累石圍之，石上書「護塔之石」四字，下書善人某某造，或一二人，或十餘人，無年月。北塔下有遼碑一、元碑一、明碑三。

天會碑前列鄉人將仕郎試大理評事李端謀撰，同泰寺沙門法謂書，後列邑長彰信軍節度使、金紫崇祿大夫、檢校太保、知涿州軍州事、清河縣開國子、食邑五百戶張元徵，中散大夫、起居郎、同知涿州軍州事、都騎尉、東陽縣開國男、食邑三百戶、賜紫金魚袋寧獬，涿州軍事判官、文林郎、試秘書省校書郎張綱。案：元徵，見《金史・張汝弼傳》，碑所結銜與史合，惟崇祿大夫乃遼避太宗諱，光改崇，見《遼史・百官志》，意金初沿襲未改歟？秘書省，據志當作秘書監。

雅州高君碑

雅州府城東二十里姚橋鎮，有高孝廉祠，祀漢高君貫方、貫光兄弟。中為景賢堂，堂之側高君碑在焉，完好，微有缺損。昔韓小亭觀察泰華，始訪獲此碑於野，扶而植之。咸豐六年丙辰，何子貞編修視學來訪碑，碑在榛莽中，屬雅州知府張君、雅安知縣王君建祠，移碑祠中，碑側觀察、編修皆有題識。余於己亥三月按試寧遠，先經雅州，謁祠讀碑，尋訪高君闕。問土人無知之者，一縴夫獨能識其處，因紆道行田塍間，望見石闕，下輿仰瞻。一闕文曰「漢故益州太守武陰令上計史舉孝廉諸部從事高頤字貫方」（隸書二十四字）。一闕文曰「漢故益州太守陰平都尉武陽令北府丞舉孝廉高君字貫光」（隸書二十四字）。右闕下層一柱壞，上層橫列隸書二十四字，與闕文同。闕前後上下及左側，刻畫人物車馬之屬約百餘種。徘徊久之。按：洪氏《隸釋》，以為高頤一人之闕。王氏《輿地紀勝碑目》，以為高君兄弟二人之闕。顧南原《隸辨》，是洪而非王。海昌錢鐵江大令保塘《清風室文鈔・漢高君二闕跋》，定為高君兄弟二人之闕。《隸辨》云：「兩闕，一有高君名字，一不稱名而字缺其一。予所見六十年前石刻，貫字之旁刻云『缺一字』；近世所見，乃有以光字補之者。」慶坻屬雅安令唐君椎拓眎之，光字明顯，旁刻三字蓋已磨去矣。

涪州雙石魚

涪州江中雙石魚，先曾大父《小羅浮山館詩鈔》有《鑒湖石魚篇》云：「石刻雙魚，一銜芝草，一銜蓮花。官是邦者，有循良績則見。明吳江陳良謨知涪州，江中石魚出者三。」江中有宋、元、明人題名。姚彥侍方伯為川東道時，得石魚題名百餘種：北宋二十三，南宋六十三，元十一，明以來不錄。石魚在江心，非冬春水涸不得見，椎拓者少，故大半完善，而蜀中金石諸書卒未著錄。物之顯晦，固有時耶？余入蜀晚，不獲睹方伯拓本，聞王詠齋丈所述如此。

德陽上庸長碑

德陽縣黃許鎮道左，有石刻「上庸長」三字，光緒九年知縣吳鼎摹刊，旁有跋云：「鎮北有漢上庸長司馬君孟臺神道，見顧南原《隸辨》。碑久埋晦，學使南皮張公時得之，今殘石尚存，字多剝落，惟餘三字可辨，因以原碑甃磚封護之，而別刻三字於此。」余因紆道訪原碑，「上庸長」三字摩峯可識，字體峭拔，碑陰存上半，螭首完好無損。按：《隸辨》引《字原》，云在漢川，今為漢川州，屬成都府；實則碑所在已隸德陽縣境。德陽距漢州四十里，明代德陽縣故屬漢也。

梓潼逍遙樓三字碑

梓潼縣武連驛覺苑寺，有顏魯公書「逍遙樓」三字碑，款識二行。前一行，「□□十年十月六日宿武連縣尉郭凡」十五字，以下剝落不可辨；後一行，「大歷五年正月一日顏真卿書」。按《山西金石記》，蒲州府逍遙樓有顏魯公大字石刻，又廣西臨桂亦有摹刻，每字徑二尺七八寸，後署「大歷五年正月一日顏真卿書」，則此碑亦後人所摹刻耳。

梁天監十三年題名石刻

梁天監十三年題名石刻，在雲陽縣磨崖，椎拓者少，字極完整。文曰：「天監十三年十二月，鄱陽王任益州軍府，五萬人從此過，故記之。」後有宋人題字四行，曰：「嘉定九年花朝前七日同郡鄭子思為拂塵於六百九十八年之後□□」，二字模黏，上一字似是「王」字，下一字似是「屯」字，其下有「巽趙錦夫侍行德顯天麟」十字，最後小字二行，云：「元祐八年十二月廿七日因打碑遊此，記之。」按《梁書》，鄱陽忠烈王恢，文帝第九子，天監十三年以荊州刺史遷益州。武帝本紀及恢傳同。是蓋其入益州時題名也。先伯祖曼雲公《硯壽堂詩鈔》有《雲陽山中觀梁天監十三年鄱陽王題名詩》。

杭州顧豹文塚

杭州陸軍協司令部築營於饅頭山上，山舊名吳家山，其地多塋墓。內有面東一穴，壙堅固逾常，力破而入，棺木完好。棺上紅帛銘旌，金書「敕授文林郎河南道監察御史晉封奉政大夫諱且□。顧公之柩」凡二十五字。塚內有磚刻銘一，文曰：「康熙三十一年歲次壬申，癸丑月二十七日寅時，先侍御易簀自銘，銘曰：『物必趨於盡兮，理必然也。曰舍故而就新兮，吾未能掉臂而入也；唯委順而遷化兮，斯古今才不才之所共習也。』康熙四十三年歲次甲申，十二月丙子日，不孝男之珽泣血百拜敬書，藏於吳家山之塋域。」按：顧且庵名豹文，《杭州府志》有傳，先高祖《杭郡詩輯》錄其詩。之珽字月田，亦有詩。後嗣式微，無人守墓，亦可悲已！

杭州鎮東樓碑

浙江巡撫署之東偏有鎮東樓，在保安橋側，明萬曆癸未建。樓下有碑，首行曰：「浙江開府鎮東樓記」。碑文為資政大夫、太子少保、兵部尚書兼都察院左副都御史、奉命總督薊遼保定諸軍事、前巡撫浙江、賜飛魚蟒龍服、食從一品俸餉梁張佳胤撰。按《明史》，萬曆十年春杭州兵變，浙撫吳善言不能治，命佳胤代善言，一月而亂遂定。文敘平亂事頗略。似惑於形家言，以省城舊有鎮海樓。乃建茲樓以配之。佳胤去浙，代者為蕭廩。乃伐石補刊張文，則甲申四月也。佳胤字肖甫，嘉靖二十九年進士，官至兵部尚書，加太子太保，自薊遼召還，理部事，尋為御史彈劾，謝病歸，卒贈少保，諡襄敏。工詩，有《崌崍山房集》，陳臥子稱其莊雅為李、王後勁。余修郡志，搜訪明以前石刻得之，杭人殆無知是樓緣起者。

道統十三贊

咸淳《臨安志》載宋理宗御製伏羲以下迄於孟子贊各一首，暨詔諭刊碑十六，賜國子監，即《玉海》所謂道統十三贊是也。明正德間移立杭州府學，碑石尚完備。國朝倪濤山友《武林石刻記》闕文王一石，阮文達《兩浙金石志》錄《潛志》舊文補之。光緒元年乙亥，丁竹洲丈摘取十五碑中字摹寫成文，不足者更配合上下偏旁，集刻補之，築廊屋以護之，顏曰「道統石室」。十八年壬辰，修治府學尊經閣，於後圃得原刻文王贊一石。閱六百年，神物重還，可謂奇矣。

淳化閣帖宋刻原石

壽松堂孫氏藏淳化閣帖，宋刻原石為孫景高先生仰曾藏，庋置寶石峰下寶石山莊。莊久廢，今石存孫仁甫炳奎家，略有斷缺。帖後梁山舟學士跋云：「往余於先叔祖深父先生齋頭見舊拓閣帖石本也，而上有銀錠鑲紋，相傳宋時賈相門客從賜本摹出，故仍棠梨之舊。今春孫君景高於西吳舊家購得帖石若干枚，洗剔苔蘚，椎拓一本示余，精采煥發，絕類宿覯。覓前帖校一過，凡字跡波磔石片剝蝕之處，無毫髮差，殆宋刻原石無疑，惟失去鍾繇及謝萬書數百字耳。」辛丑臘日景高自跋云：「余素嗜石刻，每見傳拓舊本，輒愛玩不釋手，欲仿寶晉停雲之韻事，裒刻以供墨林清賞而未逮也。張君芑堂為余購得閣帖舊石若干校於禾中故家，剜剔苔蘚，聯綴斷裂，椎拓一本，取他本十餘種參校，無有同者。汪君天潛出示梁氏所貽深父先生鑒定藏本，校之，纖毫無不吻合，蓋即此石原拓也。委棄有年，摹拓絕少，故豐神完美。就中與諸本尤異者，卷三『環之頓首』下有『秋』字，卷七《朱處仁帖》後增《服食帖》三行，皆可補諸家釋文所未備。初購得時，缺魏鍾繇《宣示帖》及謝萬書三行，閱數月，芑堂復於原所藏處搜訪得之，遂成完璧。壬寅九月。」

溪州銅柱

溪州銅柱在辰州府。五代馬希範據南楚溪州，峒蠻彭士愁寇辰、澧二州，希範遣將劉勍討之，士愁遣子師暠以五州降附，希範慰賚之，令仍守其地。希範自謂漢伏波將軍援之苗裔，乃鑄銅柱銘戰功，以踵故事，學士李宏皋為之記。柱高一丈二尺，入地六尺，下有石蓮花臺，四面刻字。余在湘得拓本，文中引伏波《銅柱銘》，有曰「金人汗出，鐵馬蹄堅，子孫相連，九九百年」。其語不類漢代文字，疑為臆造。惟歐陽公《五代》「溪州刺史彭士然」，柱文實作彭士愁，可以證前史之誤。

湖南學政衙門漢韓玄故物

湖南學政衙門，其先為長沙府知署。相傳後漢時，長沙太守韓玄城破死難，其墓即在今大堂暖閣下，凡知府履任者多不利。或謂學政為欽差官，當可鎮壓，於是兩署互易，故學政署規制不逮府署之廣大。署中大堂西，有老樹一，其高參天，相傳為韓公手植，至今時有神異。又大門內庭左，有大鐵鑊一，亦韓公時故物。壽陽祁文端公寯藻為學政時，有《神木》、《鐵鬴》二詩刻石壁間，《神木》

詩云：「神木神木堂西廂，槐身楮葉相抱藏，中有赤心通朝陽。朱衣導從倏來去，云是韓公神所據。三年借爾蔭清風，下無蒼鼠上無蟲。」《鐵龕》詩云：「鐵龕鐵龕門兩腋，腹奄脣厚徑五尺，雨痕沉綠土花赤。伊誰熔鑄誰轉移，云是韓公飲馬池。三年借爾鑒容止，此中祇貯湘江水。」

于謙填河鐵犀銘

光緒甲午正月，黃仲弢前輩得于忠肅公《填河鐵犀銘》拓本，凡八行。第一行「填河鐵犀銘」五字。銘六行，文曰：「百煉玄金，熔為真液。變幻靈犀，雄威赫奕。填禦堤防，波濤永息。安若泰山，固如磐石。水怪潛形，馮夷斂跡。城府堅完，民無墊溺。雨順風調，男耕女織。四時循序，百神效職。億萬閭閻，措之衽席。惟天之佑（四字提行，高一格）。惟帝之力（帝字以下提行，高一格）爾亦有庸，傳之無極。」銘凡六行，銘前一行「填河鐵犀銘」五字，末一行「正統十一年歲在丙寅五月吉旦浙人于謙識」十八字。後有道光戊申七月既望劉師陸跋，云：「黃叔璥《中州金石考》引閻興邦《鐵犀填河廟碑記》云：『出大梁之安遠門，東北隅四里許，有回龍廟，後有鐵犀一，猙獰蹲踞，半出土上，背鑿銘，乃正統丙寅巡撫于忠肅所鑄以鎮水患者。闖賊圍汴，曾用萬夫移犀他所，千錘百煆，聲聞十里，挾旬不能損其金軀，僅於左脅下穿一穴。壬子埋沒土中，後人劚地而得之。視其銘詞，隱隱隆起，若商周彝鼎，銀鉤無損，良有神呵護矣。其銘曰云云。』道光癸巳歲，余客大梁，嘗訪其地，親至所謂回龍廟者，殿宇數楹，樑柱締構頗新，惟周垣未葺。問之土人，謂數年前有議重修者，庀材未竟而止。中祀神座神牌尚存，乃明季洎國朝有功於民社宣防者。殿外亭基上，鐵犀宛然在焉。銘文及前後題識，分別犀背左右各四行。『鎮河』、『鎮禦』，並作土旁；『百神效職』，黃考作『百辟』，蓋誤。余摩挲文字，確是鑄成，非鑿出者。流賊錘鍛經旬，卒未能損其全體，迄用狡謀灌城，而犀終以土得完，迨二百餘年之後，猶若新發於硎。及余訪得時，四百餘年矣。聞癸卯、乙巳兩歲，大梁再經水患，環城皆水，回龍廟者諒已同在波流，犀縱尚存，當亦沉埋沙礫中，未知其出又在何時？今日曝書，拾得紙本，不勝慨然。時正荊江盛漲之時，因取裝池，贈防江諸同事，且存金石舊話云。」

按：《明史・職官志》，巡撫河南等處地方兼管河道提督軍務一員，宣德五年遣兵部侍郎于謙巡撫山西、河南。又本傳，宣德初增設各部右侍郎為直省巡撫，忠肅由御史超遷兵部右侍郎，巡撫河南、山西，在官九年，遷左侍郎。時王振方用事，有御史姓名類謙者，嘗忤振。謙入朝，薦王來孫自代，通政使李錫阿振，指劾謙以久不遷怨望，擅舉人自代，繫獄三月。已而振知其誤，得釋，左遷大理寺少卿。山西、河南吏民伏闕上書，請留謙者以千數，周、晉諸王亦言之，乃改命謙巡撫，前後在任十九年。正統十三年，以兵部左侍郎召。明年秋，遂有土木之變。此鐵犀，蓋忠肅再撫河南時所鑄。巡撫兼管河道，而宣德元年以後河屢溢開封，正統二年決濮州、范縣，三年決陽武及邳州，越數年又決金龍口陽穀堤及張家黑龍廟口，河患無歲無之，宜忠肅之懃懃於此也。潘氏《乾坤正氣集》所錄有誤字，可藉以正之。拓本破損，余為重裝。丙申三月朔祭忠肅祠，敬奉歸祠中，永永珍守，並要同郡諸子題識焉。

郎兆玉墓磚刻地券文

江干徐村，俗所稱九龍頭者，美國教士設之江學堂。丙辰春，拓地建築，掘得一古墓，有二棺；又銅像一，作壽星騎鹿狀；瓷杯二；磚刻地券文一。文凡十五行，首行順刻，次行逆刻，以後各行皆然，顛倒讀之。文近俚而語絕詭異，謬託於仙鬼之說，蓋全仿南漢馬十二娘地券之文。王定叔拓以見示，錄之以廣異聞。文曰：

惟大明國浙江杭州府仁和縣義同坊二圖土地范明大王祠下，居住信士郎斗金、奎金、壁金，有父親郎兆玉，別號明懷，賜進士第、奉政大夫、直隸準安府同知。於天啟六年六月十四日戌時，往九仙山採藥，忽遇大仙，賜酒三杯，酩酊一夢，不還。就憑白鶴仙指引，用九萬九千九百九十九貫文，買到皇天后土王真龍福地一穴，坐落錢塘縣定北五圖徐村土名顯聖塢三位夫人祠下，東至青龍，西至白虎，南至朱雀，北至玄武，上至青天，下至黃泉。今具六至，明白給付，與明懷翁為萬年陰宅。倘有邪神野鬼、魑魅魍魎侵僭墳穴者，將券投至東嶽聖帝案前，以法驅遣。自安葬之後，福蔭科甲聯芳，位登臺鼎，子孫榮盛，永保千秋。此券。天啟七年七月二十一日申時。

立券人皇天后土王（押）
（下列三行）牙人張堅固（押）
李廷實（押）
代書人白鶴仙（押）
（四押字作篆文，曰「榮華富貴」。）

地券（二大字，作篆文）。

衛毅夫壙記

癸丑之歲，湖州烏程縣某鄉，新出宋故十進士衛公壙記，文凡十行，語頗簡質。「衛君諱毅夫，字子剛，世居嘉興府華亭縣，淳祐改元八月葬於安吉州烏程縣澄靜鄉朱塢之原。是年八月，孤子國寶、國卿書。」末行小字曰：「雲邑朱春刊。」宋時，華亭縣屬嘉興府，理宗寶慶二年改湖州為安吉州，皆與志合；惟十進士之名未詳。石為王鷹陬生所藏，余得拓本，亟付顧輔卿，俾補入《通志・金石》云。

吳越金塗塔拓本

劉聚卿藏吳越金塗塔拓本，為吾鄉魏稼孫手拓，全塔具備。曩聞楊見心復言所見拓本甚多，謂當日造塔時以「保安人民」四字分鑄其陰。按《金石契》撫刻金雲莊藏者是「人」字，陳默齋藏者是「保」字，此拓本陰十九字，「同」下一字似是「保」字而不甚明晰。又余子士鑒京師得一拓本，乃是「金」字，疑八萬四千之塔分字標題，殆不止如見心所云者。自來著錄家皆無考證，不敢臆說。塔為周世宗顯德乙卯造，實俶嗣爵之八年，至明歲乙卯，蓋十六甲子矣。「山河幻影，宮殿荒蕪，鷹虎封剳，人天慘澹。」讀吾宗聖徵祭酒題句，不禁為之一迴腸一蕩氣云。

雲泉山風水洞唐人題名　左列凡七行

前國子監四門助教武儒衡，元和二年二月□日題。

吳興沈岫，元二年正月三十日題。

殿中侍御史內供奉鄭敦禮，元和二年五月七日赴新（下似尚有二三字，不可識）。

□州刺史李幼□，元和元年十一月廿九日題。
饒州刺史李夷簡上□遊，元和二年四月十二日題。
范陽盧績，元和四年。十月廿五日□□富陽令鄭暐□□後到。
監察御史李事舉、杭州刺史賈全、大理司直王□□□□□□（凡四行，第四行字不可辨，石亦斜泐）。

吳越國投太湖水府銀簡玉簡

吳越國投太湖水府銀簡拓本一、玉簡拓本二，劉蒽石參議藏。銀簡拓本舊藏嘉興鮑少筠、吳江翁海村；玉簡拓本則上虞羅叔韞以贈劉者。海村跋云：順治元年夏，吳中大旱，太湖龜坼，簡村居民於湖底得錢武肅王龍簡，蓋投水府之告文也。其文一百七十九字，其質白金，重四十兩，長五寸四分，廣三寸七分。翁之外祖沈拙齋欲以銀四十易之，不可，乃假拓數十紙藏之。後聞其家卒熔廢之，幸有拓本流傳人間。今錄其文，曰：「大道弟子、天下都元帥、尚文、守中書令、吳越國王錢鏐，年七十七歲，二月十六日生。自統制山河，主臨吳越，民安俗阜，道泰時康，市物平和，遐爾清晏。仰自蒼昊降祐，大道垂恩。今則特詣洞府名山，遍投龍簡，恭陳醮謝，上答玄恩。伏願合具告祈，兼乞鏐壬申行年四時履歷，壽齡遐遠，眼目光明，家國興隆，子孫繁盛。志祈玄祝，允協投誠。謹詣太湖水府金龍驛傳於吳越國蘇州府吳縣洞庭鄉東皋里太湖水府告文。寶正二年歲在戊子，三月丁未朔二十六日壬申投。」玉簡長三寸五分、廣二寸八分，文略同，惟「伏願」下多「年年無水旱之卅，歲歲有農桑之樂」二語，少「合具告祈」四字。楷法略似《麻姑仙壇記》，拓本極精。

曇山朱文公題名

曇山朱文公題名。

「紹興甲寅閏十月癸未，朱仲晦父南歸，重遊鄭君次山園亭，周覽巖壑之勝，徘徊久之。林擇之、余方叔、朱耀卿、吳宣之、趙誠父、王伯紀、陳秀參、李良仲、喻可中俱來。」字秀拔，無一筆漫漶者。

唐代朱氏墓志銘

唐故徐處士故朱氏夫人墓志銘（並序一行，文十六行，銘四行）。

夫人姓朱，義陽人也。係本陸終第五子安仁之後，先封安仁為曹姓，食菜於周，佐武王伐紂於郴，後為楚滅，去邑為朱氏。吳標四族，周隱七賢，繼廿英豪，布在方策，由漢朝錦衣太守公處於會稽，自斯一家遂為越人也。

夫人稟性淑順，幼嫻女儀，望族移天，匹於東海徐氏。雍雍著代，肅肅承宗，長若琴瑟之和，不替女賓之敬，實人倫之軌範，亦閨閫之徽猷。年才甲子一周，懿夫先殞，夫人在疚。樂業資生，德長家豐，鄉閭益敬。冢男邱女，婚娉近周；稚女童兒，冠笄未備。母能慈訓，子等白眉。天假夫人之奇姿，不假夫人之永壽，以開成五年二月二日遘疾不瘉，全而歸之，剿於私寢，享年六十有七。育子十有二人：伯曰沛、曰澤；叔曰慶、曰政；季曰鼎、曰遇。長女娉余氏；次適於王；仲女未匹，先夫人而□；次納王氏禮，有請期；季女二人，幼而可喜。以其年九月廿四日窆於下白浦首，北去海塘一百餘步，去懿夫墳西三步。墳作丙向之原，禮也。嗣孝楚毒，悲感無時，號□□□，泣枯其淚，內外隕涕，日慘風悲。龜筮既從，□□宅兆，慮邱阜改彰，勒石載辭，嗚呼哀哉！乃為銘曰：

有美一人，性善若水，其德貞順，其容端美。年周甲子，良人已喪，帷殯晝哭，情同敬姜。平沙之垠，溆瀣之陽，夫人新墳，馬鬣封方。列生之行，刊石為銘，萬古千秋，永□幽塋。

右唐徐處士朱夫人墓志銘，在餘姚縣某鄉，光緒某年出土。翁又魯教授得此石以貽其戚西湖壩魏君，今藏魏氏（文內「剿」字，義未知所本）。

曲阜元代殘石

壬子八月，梁節庵謁曲阜孔子廟，復遍謁周公、顏子之廟，於顏子廟得至正殘石一，命工拓歸見貽。石上截已斷缺，下截存字七行。第一行僅一「銘」字。二、三行行八字，曰「雲篆其中玉壽其德」「帝翊斯文子孫千億」。四行至七行行五字，曰「稷野遺民為」「洙泗主人銘」「至正乙酉仲」「冬吉日謹志」。惜其人姓氏翳如，要是宋之遺老。山東郡縣久淪於金，綿歷至正，而猶不忘宋室，自號遺民，其志亦可哀矣。

九鐘

樊樊山鬭地滬上，銳意為詩，憂時感事，一寄於篇什，間亦填詞。其題士鑒《九鐘精舍圖》詞云：「第一鐘，魯原遺篆刻螭龍，萬年永寶雲仍用，筋頭垂玉，土花繡綠，曲阜古城東。第二鐘，翰林得寶似弘農，南齋書畫勤供奉，花磚散直，墨池洗硯，辛苦校魚蟲。第三鐘，翰林考據阮兼翁，高齋彝鼎多清供，榮猿製作，蒲牢款識，聲采滿寰中。第四鐘，吉金摹入剡藤中，蒼然萬竹瀟湘夢，國香九畹，靈文九曜，看畫卷簾櫳。第五鐘，似庭簨虡不成龍，鼓鼙北嚮山陵動，湘靈鼓瑟，漸離擊筑，非復舊笙鏞。第六鐘，液池鵁鷺散秋風，天津橋畔聞鵑痛，雁門踦矣。西山傾矣，聲應洛陽銅。第七鐘，老萊衣綵返江東，白華詩好吹笙送，臣忠子孝，華鯨一吼，棒喝震群聾。第八鐘，回思長樂一林楓，聞鐘醒了春婆夢，玉堂天上，黃冠海角，開卷意何窮。第九鐘，紀群間著不才融，東南耆舊如星鳳，休休亭裏，打鐘掃地，莫唱白凫翁。」跋云：「九鐘出於己酉，圖作於庚戌，余題辭在壬子。三四年間天崩地坼，九廟龍篔，震虩不寧。黃浦相逢，同悲彼黍，以九張機舊調寫之，其聲哀以思矣。」

右詞九章，自第五章以下，假物抒懷，撫今追昔，蓋不勝故君亡國、漂搖風雨之悲。水雲捶琴，皋羽碎竹，同茲激楚，益復纏綿，我讀之淚涔涔下也。

九鐘者，余子士鑒在京師所得，宣統己酉始出土在曲阜縣西南十里。鐘大小各不相侔，銘文同而行數多寡，字數疏密，篆體變化，均不相襲。文曰：「魯原作龢鐘其萬年子子孫孫永保用享。」士鑒為考證一篇，定為魯卿大夫名原者。卿大夫得用樂懸一肆，此編鐘當十六枚，今僅得其九耳。長沙王祭酒師，稱其引據經傳，頗為精覈。閩縣林畏廬紓，為繪《九鐘精舍圖》，並精拓九鐘於後，將遍徵題詠以張之。

宋湘弔李長庚詩

李忠毅公以剿海寇蔡牽力戰死，天下惜之，一時弔輓詩至夥。余讀宋芷灣湘一首最奇崛，寫忠肝毅魄，颯爽如生。其詩曰：「入海斬蛟，登山射虎，壯士出門，寸心報主。生也，臣不敢知；死也，臣不敢辭。臣知殺賊而已，焉知生歸死歸？汝賊蔡牽，汝何么麼？海水四晏，無風鼓波。汝賊蔡牽，汝何多狗？猖猖血人，千里牙口。汝賊蔡牽，我來將軍，將軍飛來，汝聞不聞？汝賊察牽，汝何不柁？上天入地，將軍殺我。汝賊蔡牽，汝何不弓？出日入月，將軍如風。汝賊蔡牽，汝何不死？罪大海小，將軍守此。迷迷離離，將軍之旗；歌歌舞舞，將軍之鼓。將軍曰刀，蒼天晝高；將軍曰矢，怒潮夜死。吁嗟乎！臣不滅賊，臣甘死賊；臣且滅賊，臣竟死賊。海水無情，天風盡墨。臣北面稽首，謝天子聖德。天子無悼臣，臣死臣之職。大海蕩蕩天所圍，雲車風馬神靈來，上帝許我梟厥魁，明年蔡牽死，戰士休徘徊。龍宮開，靈風回。」

么妹

么妹，黔中土司龍躍之妹也。其祖為黔苗長，方吳三桂據滇時，檄諸苗策應，獨與抗。滇平，論功賞總兵官。四世至躍，秩遞降為千總。嘉慶初，南籠狆苗滋事，督軍檄躍赴軍。躍疾作，遣么妹統所部三百人詣營聽指揮，戰屢捷，是年八月十五夜破南籠賊巢，擒其渠王囊仙、韋七綹鬚。所遣八路軍，么妹其一也。督軍錄躍功，而重賚么妹，遣之歸。大興舒鐵雲位，在軍中目擊其事。震澤趙艮甫函作《么妹歌》。艮甫少負才氣，十四試不得售，嘗從楊蓉裳芳燦遊，與顧蒹塘、蘭崖，徐廉峰，楊伯夔齊名，有《同岑五家詩》之刻。所著有《樂潛堂詩集》八卷、《菊潛庵剩稿》三卷、《飛鴻閣琴意詞》二卷。又當時有平艮、仄艮之目。平艮者，曹按察楙堅，亦工詩。以兩人皆字艮甫，而曹、趙音相近也。

黃體芳詩

如皋冒鶴亭廣生刊瑞安黃叔頌、仲弢昆仲之詩，曰《二黃先生集》；余獨憾吾師漱蘭先生詩無可蒐輯。先生不以詩名，而敦崇氣節，時流露篇什間。嘗見先生題丁氏《雙烈圖》七絕三章，亟錄之，亦吉光之片羽也。詩云：「弘光殘局最傷神，椎布能將正氣伸，愧煞急裝諸婦女，苦隨馬上窄衫人。婦節臣忠等可哀，更從九死別奇侅，當時淺水西洋港，一躍何曾了念臺。哦詩握翦紹先芬，二百年來雙節聞，此幀君家猶木像，永維忠孝到仍雲。」

又於袁忠節《水明樓集》得附刊先生詩四章，並錄之。

〈感事〉云：

邊將空吹月夜笳，使臣枉泛海天槎；
世無士雅雞聲惡，廷少文貞豸角邪。
榻畔他人鼾我室，域中今日算誰家？
處堂別有怡然趣，燈火笙歌度歲華。

青蠅俟我海東隅，敢道餘年強自娛；
運值奇窮招鬼侮，病甘坐廢厭人扶。
心真寒極腸猶熱，愁到濃時淚轉枯；
生不嫌遲嫌死晚，眼看淨土豢狼貙。

〈喜聞壺公奉召入都〉云：

龕拯端須仗異材，時屯陽九鬱雲雷；
推枰從古諮長算，乘傳親承敕外臺。

度實贊予淮蔡定，光留作相洛師來；
武昌柳亦知攀戀，一一陶公手自栽。

弱噏強張局勢艱，機神無滯在心閒；
國工始辨刀圭用，群筴方收履屐間。
括地象圖形便在，通天犀帶內臣攽；
披忱入對天章閣，一豁籌邊聖主顏。

李慈銘四君詠

李愛伯先生詩關掌故者多，先生歿後，無為之續刻者，余嘗錄《四君詠》四章，不獨存先生詩也。先生詩文稿多在日記中。《越縵堂日記》起咸豐間迄光緒己丑，凡四十餘冊，今石印本闕最後一函，蓋己丑以後之六年。此詩作於壬辰。先生詩佚者多矣，惜哉！勤果，鄉先正，未接音塵；文恪，則累世交親，余與兒子士鑒又同出公門，飲聞緒論；閻文介、鄧鴻臚，奏疏皆夙所心折。十年以來，風流頓渺，蓋不禁人亡國瘁之慼云。《四君詠》並序云：

四君者，故兵部尚書山東巡撫大興張勤果公曜、故東閣大學士朝邑閻文介公敬銘、故鴻臚寺卿歸善鄧君承修、故工部尚書壽陽祁文恪公世長也。余與鄧君雅故，同官於朝，朝夕相聚蓋十餘年。勤果則自西域入朝始相見，甫半載別去，而書問殷殷，逾於故交。文介來長戶部，僅以公事相見曹署，三年中不過四五也，然折節於余，肯受余之盡言，有故交執友所難者。文恪久官京師，撫塵曠絕，三十餘年中嘗兩遇於廣坐；及同官臺中，甫數月，亦惟公事旅見二三次，而相期甚至，以古人見待。四君皆一時偉人，其所建樹或已顯於世，或不能自見，而守正嫉邪，孜孜為國。鴻臚年少余十餘歲，事余在師友間，慷慨奮迅，風采照天下，卒以此為要人所忌，齟齬去官；乞歸養親，又為大吏所齮齕，鬱鬱以死，尤為可悲。中丞以儒家子納秩從軍，二十餘已立功河朔，及從左文襄出師關外萬餘里，掃穴犁庭，疏勒、烏孫復歸版籍，奇績軒天地；至填〔鎮〕撫齊魯，治河尤有勞；然其歿也，以東三省邊界多事，欲整率舊部效命黑山、白水間，嘗詒書於余，懇懇以身將老、諸帥多死，思盡力為國捍邊，余未及報而訃至，所謂歿而猶視者。相國以治賦稱，嘗司胡文忠、曾文正軍餉，人比之劉晏，清操絕俗；其入掌邦計，做國計簿，綜括天下財賦，勾稽出入，世頗以聚斂目之，然為國家計久遠，竭盡心力；追劾戶部三貪吏，逮捕浙人大猾胡某，尤快人心；黜去曹郎不職者十餘人，不顧嫌怨；及入政府，卒以剛勁為纖人所扼，沮蠹萬端，主眷遂衰，憂危去國，身後贈典猶從減削。司空承其家法，廉靜自持，晚際時艱，懃懃憂國，雖不自表異，而遇事守正；比長冬官時，同事者巧宦取容，曹司承風，諂媚競利，習為故然，深痛疾之而不能勝，居常悒悒，至歿之日，家無餘資。嗚呼！四君皆躋通

天山水峨峨，雪夜萬騎蹴。堅壘悉蹋平，西域國卅六。
直抵伊列河，犁庭獮禽鹿。編師拓疏勒，中屯鎮溫宿（公駐阿克蘇最久）。
丁零亦請吏，回紇胥受束。漸次興耕桑，遺黎知誦讀。
稍暇歌投壺，禮士若不足。我友施土丏，豪氣雄視俗。
謫宦依幕府，軍諮力推轂。論功歸飲至，入覲天顏穆。
詔濬長安渠，萬指瘁畚挶。帝命還左班，寵以八坐祿。
旌節撫青齊，凫藻滿川陸。陽侯忽遘災，淮濟並窮瀆。
一身填橫流，長堤斬山谷。瓠子幸告成，袞衣去何速。
公家本始寧，我生共鄉曲。遠道無一面，同聲致遐矚。
京華喜相見，深談屢跋燭。傾吐悉肝膈，倚仗勝骨肉。
昔冬貽我書，憂國淚可掬。海寓多伏莽，宿將半墓木。
根本東三省，強虜正眈目。欲及身未老，盡瘁捍邊牧。
我書未及報，公訃已來告。賫志視青冥，百身竟莫贖。
豈止海岱間，瀕河萬家哭。

右張勤果公。

文介起科第，浮湛戶曹郎，烈烈胡文忠，一疏揚明堂。
清節比廉范，心計如孔桑，出司鄂軍餉，千里無現糧。
忠義相激發，士馬日騰驤，用其治賦功，遂落欃槍芒。
積漸受主知，三遷專齊疆，強力故不怠，所至蘇疲氓。
內召副司空，堅臥還虞鄉，今上元二災，三晉尤凋傷。
赤地無遺黎，存者為強粻，公時投袂起，曾袁相扶將（謂晉撫曾忠襄公、侍郎袁文誠公）。
肉骨逮秦豫，纖輔資屏障（平）詔拜大司徒，國計倚以強。
遂綜會計簿，抉弊先持綱，墨敗劾貪吏，巨蠹鋤奸商。
帝心益眷注，密勿參巖廊，遂正中書席，主聖知臣良。
孤立無黨與，眾沸成蜩唐，屢疏爭不勝，去國心傍徨。
養老乏上尊，優秩無月羊，余時居曹署，散拙守故常。
朝謁屢移病，不識金與倉，公意獨延竚，音問時琅琅。
屢欲強之起，群力期励勸，頗病公刻覈，束濕無舒長。
引義與公爭，氣亢詞過剛，公顧欣然聽，直諒無它腸。
公既不安位，我亦辭周行，同官有袁宏（謂爽秋），問訊公在床。
猶傳太息言，殷勤詢行藏，公今歸帝所，我忝司臺章。

緘默取充位，月日常憂傷，寢門泣公訃，秦樹雲蒼茫。

鴻臚嶺南秀，忼慨人中英，少年取鄉賦，入瑴繫華纓。
浮湛白雲署，錄錄不自名，一朝擢諫宮，建樹何諍諍！
至尊初御極，親賢秉鈞衡，東朝再蒞政，堯舜有孝貞。
納諫如不及，上書日有程，延英立召對，朝奏夕已令。
群少厲鋒氣，危言恣彈抨，有失不爾罪，微善必予旌。
宦豎皆側目，出入莫敢攖，漸致召朋黨，報復仇萌□。
君時屢拜疏，所言皆至誠，亂始務防漸，幸門先塞庚。
事或關國體，雖小必力爭，兩宮屢嘉歎，手疏示公卿。
讀者為流汗，邪佞相驚憂，門庭日羅雀，圖史無觴觥。
時時過予語，大廈期共撐，私憂八關輩，水火滋軋傾。
鬼蜮恐壞事，有累朝廷明，世事易翻覆，朝局如楸枰。
自詡稷契輩，摧落同枯莖，群犢破轅出，一牛負重耕。
晉秩大鴻臚，銜詔事遐征，單騎出絕域，拂菻方縱橫。

右閻文介公。

交南已吞噬，嶺表方窺偵，荊國主棄地，扶風欲逃盟。
君獨苦搘柱，犁軒大呼訇，黲黲鬼門關，毒霧天為赬。
巨虺上樹立，飛鳥晝不攖，魑夷更肆毒，絕食陳鬼兵。
刀戟積雪列，炮火殷雷轟，從官半瘴沒，延議戒僨成。
君獨以死誓，終得持輸平，還歸見天子，造膝陳哀鳴：
臣力此已竭，戎心猶未盈，幸不辱國命，乞骸終餘生。
長樂為感動，溫旨固留行，君復過余言，進退心怦怦。
已中要人忌，留去何重輕，臣衰況親老，白華猶可營。
誠知聖恩厚，庶幾全萊嬰，歸臥白鶴峰，足不來羊城。
奈何鵩鳥災，玉棺遽下迎，老母猶在堂，長夜目不瞑。
平生膠漆感，事予猶事兄，一朝訃音至，祝予老淚并。
婚媾竟未就，稚子哀孤惸（君最愛第四子，常攜以見余，為求佳對，余欲以從孫女議婚。適君告養歸，而余孫女在里門，遂輟議云）為君賦大招，靈車還帝京。
搔首白髮短，日暮傷我情，持此問邠老，瓊海呿悲鯨。

右鴻臚鄧君。

文恪席華貫，黃羊承遠裔，儒學守素風，三晉首門第。
相國佐宣宗，益以大其世，公幼稟庭誥，淡泊自約制。
相國致政歸，徒步赴上計，系踵登承明，廉靜忘貴勢。
迴翔臺閣間，所職祗辭藝，篠簜皇華榮，黼黻卿雲麗。
廉泉不自潤，車服日以敝，國是正多艱，退食常泣涕。
馴至九列崇，志欲四海濟，危言激同僚，清節率群吏。
洎拜大司空，壹志釐夙弊，故事分六官，戶工職金幣。
利藪害所叢，蠅蚋競噆噬，營繕今將作，都虞筦水利。
慕羶尤紛紜，逐臭類狂猘，不問職所守，祗爭骨可噬。
妄言效禽行，脅肩更睯睇，旁觀為泚汗，一家得甘毳。
公本嫉惡嚴，力欲振頹滯，屹然中流間，左右苦牽曳。
眾濁憎獨清，孤掌支群擠，奈何不憖遺，居位甫逾歲。
易簀餘空籯，琀斂無復製，中藏出賜金，債家已門逮。
公癯美髭鬚，煦嫗在辭氣，其中秉剛強，匪石不可礪。
我生與公疏，性分有神契，我晚始入臺，公聞喜投袂。
庶幾鳴鳳來，一旦谿氛彗，逡遁未即發，公屢道我嚏。

不謂遽騎箕，九京是無懠，鉛刀遲一割，日中必致熭。
餘生一息存，此心千古□，蕭然穗帷寒，沈痾不能詣（公在殯時，余以病足不能往弔，心常蹙然）。
終期芹曝獻，當公絮雞祭，三歎四君詠，豈止哀已逝。

右祁文恪公。

鄧承修奏議刻本

梁文忠病中寄贈鄧鐵香鴻臚奏議刻本。文忠書中言「鴻臚晝界受瘴，病未三日，即棄母而死，吾輩無不痛惜。其孤搜集遺稿，刻成寄京，今以一部分贈，此公所欲看之書也。忠直清諫，中無他腸，同時言官，未有其比，今已矣。覽其遺書，恍如在宏衍庵旁書窗對論時也。世亂思賢，吾輩當何如哉？」余輯《讜言錄》，采鴻臚奏摺數首。今得讀此集，多昔所未見者，忠鯁切直，如見其人。

王先謙贈詩

長沙王葵園師，詩學杜陵，平生不輕作投贈。余兩至湘，其後皆以疾告歸。甲辰去湘，師以詩贈行，云：

廿年不踏長安地，夢想朋遊醉文字，
聞君持節渡湘來，喜入燈花照無睡。
知君慧眼湘月明，信君澄懷湘水清，
賢名一日播萬口，邦人引領神先傾。
甄文救弊不遑恤，遠接朱張（肯甫、燮鈞兩學使。）近無匹，
乘軺崔洛時共榮，奏賦相如自稱疾。
王程三載甫經年，何意告別無留連，
君身豈藉官職重，所惜多士無良緣。
明廷衮衮登英傑，不信扶危少施設，
育才堂館高切雲，勸學文書紛似雪。
樹人敢謂非嘉謀，城社狐鼠難可搜，
狂夫橫議懼民散，相忍得非根本憂。
我今伏處成衰暮，箝口藏身真自誤，
君雖暫歸行入朝，莫忘青蒲陳諫疏。

己酉，余感時局泯棼，有去志，師見余和金甸丞太守句，惜余之將去也，有七言古一章見示，云：「自修學使見示和甸丞詩，有『山中故人昨有書，篋底荷衣行料檢』之句，再次韻奉柬。

憶昔學館誇同年，費（雲舫編修）吳（望雲祭酒）聯步先歸田，
蘇臺攜手雜嘲笑，我亦行謝區中緣。
平生體性慚質直，捷足甘輸當世特，
尚喜時多箕潁流，堯天不改蒼蒼色。
翻思袁許死建白，我時幸作懸輿客，
苟免偷生直到今，夔夔空為元化役。
羨君湛露晞朝陽，天庭騰上眉間黃，
清標學業有繼起，珂里似是高陽鄉。
教思為澤文為江，千里春風綠楚茳，
荷衣漫續靈均製，虎氣龍身安可降。
長君一日吾誠忝，李翰枯澀羊欣儉，
乞書枉贈瑤華篇，更啟金壺五龍檢。」

壬子，余辟地海上，以詩寄師平江，師有和作，云：

中土餘殘局，當年仗一流，嗟傷樊柳晚，聳懼及瓜秋。
雷電生千嶂，江湖吐百洲，與君睽隔意，兩地感羈囚。
夢寐乾坤窄，風塵歲月徂，直愁廿年後，無復一人儒。
浮海君先將，傳經子作徒，和詩聊自壯，鄰德不嫌孤。

錄之以見吾師相愛之意。

趙啟霖贈詩

湘潭趙芷生提學啟霖，官御史，性剛直，以言事得罪去。余電趣還湘，請監督高等學堂。比過武昌，張文襄留主存古學堂講席。文襄內召，芷生謝歸，余堅請主高等學堂。未幾，詔復原官，錄簡四川提學使。先後有贈余詩數章。芷生學行，在湘中士大夫當首屈一指，余所最心折者。一別十年，世變澒洞，乃至於此。錄其詩，益不勝今昔之感云。詩凡五章。

其一曰：

千年道術何曾囿，一代宗風匪易任，
稍見斫輪成大輅。翻從躍冶鑄祥金，
柔坯剛瓻艱難日，聖伏神徂繾綣心。
獨愧支離疏謦欬，滄州回首又春陰。

其二曰：

天涯何處識春歸，盡日輕陰對掩扉。
澗草漸生還漸長，山禽時止亦時飛。
流年坐覺成新故，薄醉何容著是非。
冉冉春光堪悵望，湖波添漲上苔磯。

其三曰：

不將春事細平章，誰信郊居氣味長。

海燕歸來爭解語，園蜂簇處但憐香。
清明風日銷詩句，爛漫江山寄草堂。
三尺漁竿吾道在，濯纓猶自有滄浪。

其四曰：

三年已感離群久，萬里何堪別路長。
邛邛偎依成小聚，鷹鸇寥闊不同行。
軒昂謨議隨青瑣，牢落心情撫阜囊。
獨有韋弦珍重意，鳴雞風雨道難忘。

其五曰：

巫陽雲雨自朝昏，何處登樓望九門。
夢寐從君心莫逆，蹉跎憐我舌徒存。
橫流祗為斯文懼，方枘知非末俗尊。

目盡天涯春色晚，湘濱回首長荃蓀。

余去湘，芷生以述別五古一章見貽，詩云：

三古重教學，大旨明人倫。陶化既有具，遂使風俗純。
誕章逮乖離，斯文賴彌綸。百世其可知，損益相環循。
斷斷濟時策，變通謂宜民。興學議初起，擱然語更新。
道器本該貫，往訓故未湮。云何事剿說，鹵莽為一鈞？
牛從忘雞屍，坐致諸夏淪。夫子信宗匠，宇量淵且醇。
爰初蒞湘浦，士氣驕不馴。公謂詖邪詞，譁躁乃無垠。
從容董其綱，隱括實苦辛。持剛而劑柔，諴勉抑何諄！
不動聲與色，庠序還莘莘。三年畏壘居，輿情始歸仁。
若非鎮群尨，僨張為禍鄰。湖外今謐如，此功難具陳。
逝將理歸鞅，誰歟嗣清塵？猗彼子衿徒，朝夕視北辰。
風采所範圍，隱紓國步頻。洶洶九州間，飄搖會艱屯。
吾道要有託，夐矣休天均。賦分愧蹇拙，子立少依因。

長者不遐棄，垂眷意益肫。側身望橫流，欲濟茫無津。
離心浩難裁，緒言若為親。惟祝松筠姿，後彫在自珍。

華陽宋濂祠墓

華陽縣城東宋文憲公祠墓，咸豐元年先大父官蜀藩，嘗捐俸重修。越五十年，慶坻重至蜀，謁祠，棼橑剝陊，榛莽塞路，乃與同鄉同官，醵金補葺，復還舊觀。祠中有清風亭、明月池、青蘿山房、潛溪別墅。落成而祭，為文勒石，以記其事，並補刻先大父昔日記事詩於石。同里王詠齋丈，詩人也，成六絕句。云：

倏忽飛光五十春，疏鐘細磬涴流塵，
空餘狖穽雞塒地，零落弦歌雅誦人。

石馬金梟委斷蓬，蕭騷落盡古青楓，
可憐華表無歸鶴，誰薦寒泉酹殯宮。

使者風流冠世賢，溫溫祖德述當年，
金邊玉豆重蠲絜，一曲迎神咽素弦。

披榛乍見石龜趺，薜碣苔碑手自摹，
生恐牧童更敲損，遺邱分付禁樵蘇。

點綴煙螺一簣山，歸思繚繞故鄉關，
清風明月曾無恙，合補青蘿宿翠鬟。

話到艱難喟息同，狂瀾誰障百川東，
登堂三摘靈鼉鼓，彷彿驂螭下太空。

卷七

范仲淹書伯夷頌長卷

余門人范鵬叔侗，系出范文正公，嘗攜文正所書《伯夷頌》長卷來杭州，出覽示。乾隆中，此卷上邀乙覽，首行御題「范仲淹書伯夷頌高義園墨寶」十二字，又御書「聖之清」三大字，朝臣奉命題詩者，尹繼善、莊有恭、于敏中也。文正自署款，曰「皇祐三年十一月戊申高平范仲淹書。」元祐三年范純仁跋，云「先公書此以寄京西轉運使蘇公」，蓋蘇舜欽也。宋人題跋者，自文潞公以下凡二十九人，其末一人為秦檜。元人自趙孟頫以下凡三十三人。明人自夏原吉以下凡十七人。國朝自范承勳以下凡十三人。後有翰林院編修二十四世孫范來宗跋，工部左侍郎兼鑲紅旗副都統二十一世孫范時紀謝恩摺。卷中有「江寧開國」、「秦氏藏書」二小印，「秋壑珍玩」、「賈似道印」、「秋壑」三小印，蓋南渡後為秦、賈二相遞藏。故虞道園題有「潞韓並識何舂應，秦賈爭藏實點汙」句。不知何年歸范氏祠堂，叔侗假得，迻寫全卷，先賢名蹟，先朝宸翰，永鎮祠宇，垂輝億齡，范氏子孫宜世守之。

賜錦堂記

乾隆二十二年，純廟二次南巡，梁文莊告養在籍，與沈文愨被命同修《西湖志纂》。時趙意林信進側理於行在，拜宮錦四端之賜，意林因以「賜錦」名其堂。文愨為撰《賜錦堂記》，意林賦詩為謝，復用元韻，乞文莊書之。曩在京師，嘗從濮梓泉前輩許見此冊，蓋文莊既為意林書之，而別為副墨，尋奉詔還朝，攜以自隨，故得留傳都下也。意林與文莊以詩相往復，有《同林倡和集》之刻，文莊號薌林，故云。

沈度麒麟圖

明永樂十二年，榜葛剌國貢麒麟，命學士沈度繪圖作頌，事見《明史》。圖舊藏海昌陳梅亭所，嘉慶壬申歸學士十世孫觀成。觀成識語，謂是當日進呈副本。先曾大父夔州府君、先伯祖曼雲府君皆有詩，同時題者有楊芳燦、嚴學淦、陳廷璧、馬若虛諸人。光緒乙巳養痾里門，得此圖。圖上方書「瑞應麒麟頌並序」，下方之右書「麒麟圖」三字為一行，「永樂十二年歲次甲午秋九月榜葛剌國進貢臣沈度寫」為一行。絹本，色黝黯，微剝，而文字並完好。頌文乃應制之作，不具錄，結銜曰「翰林院侍講學士奉訓大夫臣沈度謹撰」。按《明史》，大、小沈學士受知成祖，逮事宣廟，並賜織金衣，鏤姓名於象簡，泥之以金。學士書不多見，畫則尤為難得。吾家兩世遺墨獲之意表，後之人宜永守之。

王守仁燕居授書小像

王文成公燕居授書小像，幕客蔡少壑畫，文成弟子張子藎藏。王龍溪為之贊，亦文成弟子也。有高鶴望梅、朱南雍子肅（山陰人）、朱賡少欽（謚文懿）、趙錦元樸（謚端肅，餘姚人）、葛曉雲岳諸跋。雲岳言：先生像，為蔡世新所傳者極多，惟以多，故隨手輒肖，然至小者亦徑尺。今如此小者，不爽毫髮，令觀者肅然畏敬云云。卷為黃再同前輩藏，光緒己卯得之秀水金爾珍者。卷中明人數跋外，本朝惟嘉慶壬申山陰茅豫觀款二行，最後有李越縵先生長跋，考證既詳，兼之感喟。越縵於金石書畫題跋皆經意為之，多在日記中。沒後日記數十巨冊，若存若亡，不可蹤跡，無人理董，遂至亡佚，可為雷歎。因錄此跋，以存千百之一云。

吾友貴筑黃再同編修以此卷見示，整襟再拜。文成公像，越中舊家多有傳者，皆袞冕大幅。里中西光坊、東光坊之間有公祠，相傳其塑像出公家。頳面虯髯，上有七痣，氣象凜凜，望之竦畏。張陶庵逸民所輯《有明三不朽圖像》，亦相同。間見小幅，則清癯頎秀，頗若不類。宋人傳歐陽文忠、蘇文忠、朱子像，肥瘦及鬚髯多寡，亦往往不同，蓋冠紳與道服各有所稱也。此像峨冠深衣，秀眉疏髭，目光炯炯，雖容色怊恨，而神采穆然。道範德輝，千古猶可想見。後有王龍溪、朱金庭、趙麟陽諸公題贊。先正筆蹟，經亂日稀，心畫儼然，典型彌仰。

朱越崢以續事名，其字見者絕少，府縣志雖有傳，而事蹟不詳。此贊語重氣醇，字亦道古，自稱後學，蓋亦私淑文成，足裨志乘之遺。金庭著述，僅見《朱文懿公奏議》，為吾家舊笈，亂後已毀。倖存此卷兩贊，皆吉光片羽也。再同由黔家湘南，竺學邵文，收藏極富。又承其尊公子壽先生之學，兼綜漢、宋，無門戶主奴之見。平生服膺陽明，搜採遺書已十餘種，其為王學者，如彭南昀《王門釋非錄》等書，亦無不備。此卷將持歸黔陽，勸其勒之公祠壁間，庶俾黔人瞻仰遺像，如見當日龍場講授有泗水西河氣象，非鵝湖、鹿洞暖暖姝姝守一先生言者比也。近日湘中如羅羅山、孫芝房等，一孔之見，詆訾陽明，拾當湖之唾，至不可道，亦自形其浮遊而已。所愧慈銘生公之鄉，早讀公之書，而衰老多病，一無建樹，性天至道，瞢乎未聞，徒於南雷、鮚埼文獻職志，稍窺一二，而怠於輯錄。粵寇之禍，楹書盡焚。今老矣，十九不能記憶。家居西郭，近鹽倉橋，為公與公考龍山先生歌哭之地，今無一椽存者，祠亦燬於兵火。近歲有人營復之，而市儈不學，堂廡庳陋，禮器非秩，士大夫無過問者。安得好事勤力如再同者，使先賢桑梓蔚然重秀，俎豆管弦日新，有功乎此卷，實於吾浙學派所系至重。再同以重價得之京師，而余鄉里末學，限於貲力，不能購以還之越祠。展卷摩挲，能無歎息。然公之教澤遠被天南，黔士謳思轉有過於越人者，此卷既得所主，又以永貴陽之思，知公之靈爽在天，亦當欣然以笑也！謹為跋，而歸之編修。光緒十有七年正月，會稽李慈銘識。

四忠遺墨

四忠遺墨合裝一冊，亦再同前輩藏。一為楊忠愍公《為饑民請錢粟書》，子壽先生前後兩題。一為趙忠毅公詩稿，自題曰《雜感》，十二首，子壽先生跋云：「詩當作於削籍追贓時」。一為黃忠節公（淳耀）真書《羊祜讓開府表》，題者最夥，如何蝯叟、張石舟、鄭子尹、莫郘亭、何顧船、鄧昭伯、顧幼眖、何鐵孫，或詩或跋，皆精妙，而唐鄂生一跋，在刑部獄中書，尤奇崛；最後則瑞安黃漱蘭師、宗室寶竹坡侍郎，皆僅書觀款。一為陳忠裕公（子龍）草書詩稿，子壽先生一詩一跋。四忠翰墨萃於一冊，真瑰寶也。

杭世駿山水冊

杭大宗先生畫山水冊，凡十二幀，每幀有題記。第一幀、第六幀各七絕句一首，亦道古堂集外詩文也，錄之。

塵緣害馬諒成虛，結習雕蟲尚未除，願得乞身長埽地，秋風黃葉勝讎書。西隱禪房。

歐冶池，環棘牆之外，廣袤數畝，居人占其漁利。露桃呈頰，風柳誇腰，凡所以蕩客心而淒遊子之魄者，以是為覽勝之奧區焉。

三品石，何竦特？兄嵬峨，弟岌嶫。仰若跂，俯猶挈。碧雞神，各分裂。荊樹花，互榮瘁。詎若茲，儼成列。文中分，尻相接。羞諡辞，永無極。銘詞古奧，當置飛梯百尺，鐫勒山背。仁和杭世駿。

過□嶺有廿八都，見郵舍壁上題記「一官已脫氍毹穴，九度空過虎豹關」，末署「西湖十九松居士堇浦世駿」。

建寧亦有淨慈寺，寺瀕溪結宇，前為放生池，僧房蜂綴，林木窈窕，亦一大選佛場也。

上水艱難千里多，柴枝米粒易消磨，今朝到岸多歡喜，小武當山一笑過。

崔殿生十三能詩，自號西竺村童，相傳有「渡頭扶傘一僧歸」句，雅近長吉，真可傳也。大宗並記。

青衣鄭蘭子，以「月明黃葉路，花隱赤欄橋」句得名。堇浦。

艚篷船，延、建人呼為鴨母，櫟園《閩茶曲》「鴨母船開朱□（此字蠹蝕）到」是也。

青湖臨江，有小江郎祠，在石崖上，林木虧蔽，下罩江水，過客多染翰牆壁間。堇浦。

張德南為南大理，署中有奇竹，竹產簷下，已乃屈曲循簷出。德南援筆為《瑞竹賦》，諸郎競傳詠之。

五顯嶺祠，山僧施茶結客，多吾鄉人，操土音，慰勞一路。密樹深篁，綠上衣帶，詩家唯大、小二謝堪以圖狀。按：此幀當是應聘分校閩闈時作。

沈乙庵比部藏，余嘗為題二絕句。

周子佩血疏貼黃

湘陰李黼堂桓，藏周忠介公伯子子佩先生血疏貼黃，有彭允初紹升跋，見《二林居集》。忠介以閹禍被逮，坐贓三千金。其友朱完天從之京師，奔走吳橋、定興，乞貸諸公間，冀如數輸金得不死。已而金雖集，而忠介瘐死獄中矣。又《二林居集》有《朱德升告周忠介公文跋》。蓋閹黨欲羅織吳中士夫，以德升尤與公密，指為渠魁，將更起大獄，賴徐公會陽言之而止。兩朱君者，於忠介可謂不負。完天名祖，父縣學生。德升名陛宣，吳縣人，與忠介同舉於鄉，居父喪，以毀卒。

明遺老尺牘

黃伯雨（以霖）藏明遺老尺牘，為嘉興馮硯祥文昌物，凡七冊，都一百一札。惜札尾署名多不著姓，或不能確定為何人。中可辨識者：劉念臺先生三通，陳老蓮一通，楊龍友二通，陸鯤庭十七通。又陸札內有六人聯名者，為汪溯、關鍵、丁澎、吳百朋，皆杭人；惟繼恩一人不可考。硯祥，嘉興諸生，有《吳越野民集》，明祭酒開孫後，徙居塘棲，晚年復居河渚，以守祭酒之墓。冊中多識語，有「吳越野民」小印。

上薛國觀書牘卷子

湘陰李幼梅輔燿，藏史忠正公上薛韓城書牘卷子，題跋者皆指為真蹟。余嘗見俞曲園師與吳又樂書，辯論此牘，略言：忠正以崇禎元年進士，授西安府推官，累官分守池州、太平、安慶，監江北諸軍。自是以後，皆居封疆之任，未嘗一日讀書東觀。而牘中云「濫廁東觀，事繫職掌，不能忍默不言」，則與公歷官不合。韓城於崇禎十年拜禮部左侍郎，兼東閣大學士，入參機務。是年，公已擢右僉都御史巡撫安慶，不在朝中，安得如牘中所云「約同諸詞臣面為剖陳」乎？書中又云：「此牘即不出史公，亦是明季人遺墨。味其詞意，亦必出於端人正士。」云云。

按：此牘尾文義未完，無署名，沈雲伯跋，謂舊藏禾中錢文端家，有王良常、翁覃溪諸公跋。今王、翁跋均不存。余諦審之，此牘當為劉公理順手筆。公杞縣人，崇禎七年廷對，帝親擢第一，拜修撰，歷南京司業、左中允、右諭德，入侍經筵，兼東宮講官。楊嗣昌奪情，理順昌言於朝，嗣昌奪其講官。嗣昌、薛國觀、周延儒迭用事，理順一無所附，出溫體仁門而言論不少徇。賊犯京師，亟捐家資犒守城卒。城破，投繯死。群盜多中州人，入唁，曰：「此吾鄉杞縣劉狀元也！」羅拜號泣而去。後贈詹事，諡文正；乾隆朝賜諡文烈。觀牘中「濫廁東觀」及「僕嵩潁一鄙人耳」語，其為劉公無疑。劉公官侍從，與韓城同在朝列，風骨峻厲，不附權要。牘中語，似為韓城作爭友者，可貴也。

太倉王西廬家書卷子

太倉王西廬家書卷子，葉奐彬吏部藏。書凡十通，密行細字，絮絮道家常。時年已七十五，思慮縝密乃如此。勝國遺老，戢影家巷，有子八人，並名在志乘，海內無不知太倉王氏者。書中言當日有司苛虐狀幾無人理，蓋順康之間戡亂粗定，綱紀尚弛，江南官吏踵明季餘習，催科嚴迫，淫刑以逞。迨仁廟親政而後，吏治澄肅，政崇寬大，務休養生息，以馴致百數十年太平之盛軌也。今世變日亟，國用匱乏，外人且獻加賦之策，以熒我政府之聽。脫用其說奉行之，吏其不至敲骨吸髓如書中所云者幾希！

黃宗羲小像

黃梨洲先生小像，古裝，風帽束帶，貌奇古。畫像者，新安吳旭；補松者，宋暐，字逸子；補石者，猶子深也。先生自題曰：「初錮之為黨人，繼指之為遊俠，終廁之於儒林。其為人也，蓋三變而至今，豈其時為之耶？抑夫人之有遐心？」題贊者，朱嘉徵止溪、陸嘉淑冰修、陳令升之問、陳奕培子厚、陳奕昌子喿、陳謙廷益、楊中訥言揚、楊中垣季直、陳奕禧子文、楊沖默陸騶、朱爾邁人遠、陳焄允大、陳熹允文。自陳奕培以下，皆稱門人，且多海昌人，疑是像乃先生講學海昌時所繪也。余避地滬上，從張讓山美翊得見此像。謹記之。

王夫之及夫人遺像

王船山先生及夫人陶遺像，用西法攝影。先生像，紗帽方靴，蟒衣束帶，上方篆書八字，曰「孝思恬品，霞燦松堅」，中間書「玉音」二字。陶夫人像，高冠補服，上方有先生自書贊，曰：「孝而殉，國人所聞，弗待余云。慈以鞠，不究其粥，奚以相暴。靜好爾音，函之於心，有言孰諶。偕隱之思陸沉，已而焉用文。之天或假，而以後昆。昔彷彿不迷，唯斯焉之為儀。重光大淵獻玄月望日，夕堂老人題」。光緒丙午過武冒，梁節庵攜贈。

船山先生於永曆元年十一月遭父喪，既葬，留守瞿公式耜疏薦之。先生疏請終喪，得旨云：「具見孝思，足徵恬品。著服闋另議」。比服除，就行人司行人。見先生之子所為行狀。遺像上方題「孝思恬品」四字，蓋即用永曆旨中語也。先生自題畫像小詞，曰：「把鏡相看認不來，問人云此是薑齋。龜於朽後隨人卜，夢未圓時莫浪猜。誰筆仗？此形骸。閒愁輸汝兩眉開。鉛華未落君還在，我自從天乞活埋。」

倪元璐小像

倪文正公小像，莆田曾鯨畫。左方為董文敏題，曰「玉汝學士四十小像」；右方陳眉公題，曰「叉手而坐，凝目而思，壇坫英雄，玉汝我師」。為趙味辛懷玉所藏。有味辛及翁方綱、蔣士銓、周肇轅、朱方藹、方薰、周有聲、張塤諸公題詩。

陳洪綬詩詞手稿

諸暨陳悔遲洪綬詩詞手稿四巨冊，裔孫蓉曙同年得之。先生在崇禎間嘗召入為供奉，不拜。監國中，待詔南都。南都破，固山額真慕其名，優禮之，後卒亡歸。冊中如《乙酉春雪》六首，大都故君亡國之感。又有「丙戌夏逃命山谷多猿鳥處，借僧為活」語。詩中往往自稱老僧，其《夢見先帝泣賦三絕句》，有云：「老僧幸得覲先皇，八彩重瞳永不忘，嵩呼頓喚彌陀佛，淚滿袈裟荷葉裳」。《題畫詩》云：「國破筆端傳恨處，水仙須學趙王孫，老學東坡栽樹法，祇栽苦竹滿溪頭」。他如「少時讀史感孤臣，不謂今朝及老身，想到蒙羞忍死處，後人真不若前人」；「始覺人無忠義志，不須去讀古人書，山河舉目非無感，詩酒當前又自如」。直可為一般無心肝人痛下鍼石。國亡家破之恨，時時見之篇什，蓋不勝錄。卷首有康熙癸丑春先生自書題記。歷一百七十餘年，完好無恙。國變後，蓉曙隱居楓橋，珍弆此冊，彌當鄭重矣。

禮烈親王戰馬圖

禮烈親王為太祖第二子。當開國時，凡征葉赫、烏拉諸部，及薩爾滸之戰，王功最多。所乘克勒馬，姿狀偉異，腹下有旋毛如鱗甲然，蓋龍種也。常時不受羈勒，聞鼓鼙聲，輒奮迅欲往惟圉人命。王甚愛之，戰陣中多藉其力。王薨，馬亦死。汪編修琬嘗為之傳，王裔孫汲修主人，屬張檢討問陶仿唐本昭陵六馬中特勒驃者為之圖。克勒馬者，猶漢言棗騮馬也。

李南磵書札卷子

李南磵書札卷子，官嶺南時與周書倉者，大率論刻《貸園叢書》事。蒐討商榷，往復不倦。然南磵實循吏，不獨經生也。書中述讞定恩平民婦陳氏之獄、新安黃文二氏世仇十一案互毆之獄，可稱明允。其曰「過於為民而不為官」，尤良吏之用心矣。

秋江別思圖

順治辛卯，亭林先生以行賈至淮上，訪萬年少於隰西草堂，自稱名曰書年，自謂從原字再轉注而成此音，蓋寓逃名意也。年少方變服為緇流，名曰慧壽，臨別繪《秋江別思圖》贈亭林，各題詩卷中。圖後為程易疇所藏，易疇有跋，後又歸蔡友石。道光間，張石州屬江陰吳儁重摹，手錄顧、萬詩及程跋，又自題一詩於上，寘之顧祠。原圖轉入葉潤臣。所重摹之圖，展轉復出廠肆，歸武清朱九丹。光緒之季，士鑒乃得之。又何子貞年丈亦嘗摹此圖，蓋從友石之子小石所借摹者。《東洲草堂詩鈔》於創建顧祠及歲時祀事皆有詩，獨繪圖事無一字及之，而胡光伯焯跋吳畫卷，有云：「?齋、子貞各摹其畫」。祁文端詩亦有「石翁仙去蝯翁老」之句，楊芷姓《雪橋詩話》載之頗詳。今吳畫倖存，何畫不知尚在人間否？

辯利院觀音畫相

杭州艮山門外辯利院（又名井亭庵），舊藏歷代名人觀音大士畫相，相傳有一百數十餘軸。吳道子畫僅石刻拓本，其餘或水墨，或丹青，皆真蹟，以趙松雪為最古，宋、明及國朝諸名家不可勝記。張仲甫舍人《彝壽軒詩》有《二月十七日詣艮山門外辯利院瞻禮大士畫相》七古一篇，云：「臨江鄉人百八幅，於今更益六十餘。」又云：「唐刻宋繪世固罕，陳（老蓮）徐（青藤）金（壽門）禹（之鼎）今亦無。」是其時祇百七十餘幀也。每歲春仲、夏仲、秋季三月，寺僧出諸幀張壁縱人瞻禮。庚辛兵後多散佚，糧儲赫舍里冠九如山夙耽禪悅，嘗詣寺中，出資搜集，丁松生徵君助之，乃還舊觀。辛亥之變，主僧竊售，蕩然無存矣。又無量寺有呂賡六畫十八羅漢，潮鳴寺有戴文進功德畫像、張樗寮書《華嚴經》殘本，亂後皆不可問。

東軒吟社圖

道光間，海昌吳子律衡照創吟社於杭州，始道光甲申，訖癸巳，凡十年，為集百，入社者七十餘人。時振綺堂汪氏擅池館之勝，藏書甲一郡。汪氏有靜寄東軒，社集在東軒為多，費山人曉樓為作《東軒吟社圖》。庚辛之亂，汪子用丈曾唯攜之武昌，未遭兵火。圖作於道光壬辰。先大父居憂里中，亦與槃敦之會，圖中狀貌與《花宜館輯詩圖》同，蓋同出山人手也。光緒丁丑，余遊武昌，子用丈出以見示。越三十年，由京師還，丈亦謝病歸，再見之。辛亥避地上海，三見之，則圖已歸頌閣、社者兄弟收藏矣。

戴熙晚年最經意之作

戴文節為汪蓉坨先生畫山水卷，長丈許，題識謂「蓉坨贈書數種，畫此為報」。蓋晚年最經意之作。後為族侄錫侯所得，攜至長沙，一睹名蹟。庚戌冬，錫侯權宜章縣事，明年秋亂作，僅以身免，此卷不知流落何所？

文徵明拙政園圖

文待詔《拙政園圖》冊子，嘉靖十二年癸巳五月畫。圖中諸景凡三十有一：曰若墅堂、夢隱樓、繁香塢、倚玉軒、小飛虹、芙蓉隈、小滄浪、志清處、意遠臺、釣䂬水、華池、深淨亭、待霜亭、聽松風處、怡顏處、來禽囿、玫瑰柴、珍李坂、得真亭、薔薇徑、桃花沜、湘筠塢、槐幄、槐雨亭、爾耳軒、芭蕉檻、竹澗、瑤圃、嘉實亭、玉泉。每一景繫以一詩，詩有小引，述命名意。詩後，《拙政園記》一首，亦待詔作。園主人王敬止，字槐雨，又字獻臣，以御史忤權貴逮繫，赦歸。卷首有林庭㭿小泉題識，云：「文子有聲畫、無聲詩，兩臻其妙」。又云：「槐雨在詔獄，禍且不測，先文安官南銓冢宰，抗奏論救，始獲從輕。」文安論救事，見《明史》本傳。小泉謚康懿。

此圖舊藏吳門蔣氏，後歸海寧胡豫波，道光間歸朱仲青中翰。有吳槎客騫、錢梅溪泳、查仲湛人渶、殷雲樓樹柏、文後山鼎、程卍伯慶華、蘇厚子惇元、項芝生廷綬、顧蘭崖翃、錢叔美杜、黃霽青安濤、徐子勉楙、陳登之延恩、張叔未廷濟諸人詩跋，何子貞、張子祥、吳平齋諸公題識，最後子貞丈一詩並跋，云「此冊歸鄞縣蔣君芝舫，則同治乙丑春也」。冊面錢梅溪書「衡山先生三絕冊」。「文待詔拙政園圖」七字，為俞曲園師題。錢題之前，別有戴文節畫《拙政園圖》一幀，自題云：「余平生所見文畫，無如拙政園之多者，可謂極文之大觀」。又云：「予於文畫愛之入骨，此偶爾興發為之，自忘其陋。近時松壺、後山兩先生皆深於文者，仲青倘能為予就正，則予於文或可得進步爾。」末署「文衡山私淑弟子戴熙」，則文節他畫所未有也。

此園二百年來興廢無常，雲煙變幻，尤足為東吳掌故畫矣；今為南林蔣孟蘋以重直得之。光緒中遊吳門，曾訪茲園，時已為八旗會館，屋宇湫陋，而水石林木之勝，金閶諸園皆不逮也。園在明嘉靖間，王御史獻臣築，侵大弘寺基以闢之。其子與里中徐氏子博，一夕失之，歸於徐氏。國初歸海寧陳相國之遴。陳敗時，方添設駐防兵，改將軍府。駐防兵撤，又為兵備道行館。既而吳三桂婿王永康居之，尋籍沒入官。康熙十八年，改蘇松常鎮道官署。旋裁，園散入民居，郡人蔣太守棨得之，名曰復園。嘉慶中，查憺餘孝廉人傑購得之。道光中，家崧圃相國又得之；至今雖屢易主，而談者尚呼為吳園云。

雙橋精舍圖

壽陽祁文端公在政府日，於海淀之東賃居僧舍數楹，以去圓明園近也。其地曰雙橋，自書榜曰「雙橋精舍」，屬戴文節繪《雙橋精舍圖》。文節有五言古詩題其上，時道光乙巳正月也。先大父道光癸卯入都，嘗至所謂精舍者與文端談宴累日，見《花宜館詩鈔》。光緒壬辰，余從文端孫君肙假觀，因為一詩紀之。

憶松圖

文節又嘗為文端作《憶松圖》，跋云：「春浦祁大前輩籍隸壽陽，自號谩劬亭長。地近方山，山有龍池、雲洞諸勝，多松，漫溪彌谷，曠望無際，嘗月夜行萬松中，遇要氏兄弟，結茆讀書其下，賦詩贈答，慨然有卜鄰之志。後來京師，每直風和月霽，輒追憶之，屬寫《憶松圖》，落落五稔，未有以報。丁未早春，僑寓都下，頗憶故山松徑，遂假酒杯一澆壘塊云。」文端自題二絕於後，云：「五十年來影答形，眼中山色夢中青，萬松圍住三間屋，可是谩劬第二亭。鹿床居士謫仙才，借我離愁付酒杯，十載孤山鶴飛去，孔賓何事不歸來。」跋云：「此錢塘戴侍郎道光二十七年為余作《憶松圖》也。侍郎高隱已及十年，而余仍以老病留滯都門，展卷慨然，題二絕句記之。時咸豐七年歲在丁巳正月廿又八日。」此卷余亦假觀，雄深蒼古，大似麓臺，蓋文節生平最經意之作。

小棲雲亭圖

道光戊申暢月，平定張石舟穆屬文節畫《小棲雲亭圖》，旋為偷兒攫去，復以詩索畫。第二圖成，道州何子貞紹基題其端，石州自有《小棲雲亭記》及《索圖詩》，皆書其後。文節及祁文端用石翁原韻各一詩，又有代州馮魯川志沂一詩。迨咸豐辛酉八月，文端復見此卷，重為之跋，時石翁已歿，文節已殉難，文端方謝病歸老山中矣。最後有上元端木子疇埰一詩，亦用石翁原韻者。

戴熙山水畫

文節山水為國朝大家，殉節後畫以人重，獲真蹟者尤不惜重金購之。余讀孫琴西太僕題文節山水畫軸，有曰：「畫之佳惡，余不能知，然聞文節直南齋時，貴王某索畫，公不與也。王頗以為恨，公遂引疾歸。有此胸次，筆下安得復有塵俗耶！」此數語，今日寶公畫者能道之否？

嵩洛訪碑圖

黃小松《嵩洛訪碑圖》凡二十四幀，藏武進費屺懷所（舊為李竹朋物）。小松有自記一首，茲節錄如左：開元寺（鄭州城西）。等慈寺（汜水東關二里許）。轘轅（關，一名嶺口，在少室北，登嵩境始於此）少林寺（少室五乳峰下）。少室石闕（邢家鋪西荒原）。嵩陽書院（太室南麓，門下有漢柏二株）。開母石闕（崇福宮東數十步，闕北啟母石，高三丈，廣如之，疑星隕也）。中嶽廟（嵩山黃蓋峰之陽，廟前太室、神道雙闕）。石淙（城西四十里平洛澗，於此間想見盧鴻草堂之勝）。會善寺（積翠峰下，門前銀杏翠柏甚古）。嵩嶽寺（嵩陽觀右）。維山（維氏山在偃師城南，一峰隆然，嵩、少諸峰三面環列，誠仙境也。武后《升仙太子碑》，題目一行，碑陰上半，皆薛稷書）。小石山房（偃師武虛谷得晉征東將軍劉韜碣，因構小石山房）。平等寺（寺址在義井鋪北洛陽界荒原）。白馬寺（洛陽寺，有方塔）。大覺寺（東魏《大覺寺碑》，韓毅書，武虛谷得於洛陽城在四眼井，僅存篆額）。龍門山（洛陽城東三十里）。老君洞（龍門南）。伊闕（洞壁刻經，明人鑿「伊闕」二大字壓其上）。奉先寺（老君洞北）。香山（伊水之東，自龍門舟渡，沿山而登，寺有白樂天栗主）。邙山（嵩、洛歸途過此，及巔，見黃河如帶，南瞻嵩嶽，北眺太行。輿人指宋八陵，隱隱可見）。太行秋色（渡河至孟縣，出城東返，無日不見太行山色，秋樹丹黃，真畫境也）。晉碑（晉太康十年太公呂望表，盧無忌文）。嘉慶元年九月自開封至嵩洛，十月經懷慶、衛輝南還，往返四十日，得碑四百餘種。遊屐所經，成此廿四圖，以志快幸。錢塘黃易。

圖中皆記某地得某碑，而翁正三學士每圖各為之記。書作小行楷，精妙無匹，真名蹟也。

榷場本大觀帖

覃溪得榷場本《大觀帖》，名其堂曰「晉觀」，作歌紀之，冊首自題云：「《大觀帖》第六卷，榷場殘本，凡十一葉，九百七十三字。除題目年月，九十三行。北平翁方綱鑒藏」。後歸壽陽相國，乃題其齋額曰「觀齋」，作《觀齋歌》長古一章，以志欣幸。余於甲午歲從相國孫景沂借觀。今屢更喪亂，聞已兩易主。吾友王子展百計求之，以直過昂，卒不可得。

符魯自寫詩冊

符藥林魯《竹里勘書圖》卷子，王無我畫，吾鄉諸老題者甚夥。又藥林自寫詩冊，藏閩人李某家。沈子培云，十年前在廠肆見之，凡十冊，李得其九，餘冊不知散歸何許？此冊前有松逸程士械畫山水一葉，署辛酉孟冬，蓋乾隆六年也。詩凡三十九首，中有《六月五日早朝太和殿雨中謝恩》一律，《恩賜官紗上幣》、《恭謝上賜白金》各一律。

岳鍾琪手書詩草

岳襄勤鍾琪公，武功彪炳，為國朝名將，顧好為詩，所著有《蛩吟》、《薑園》、《復榮》諸集。公歿後，王廷松校刊。王蓋與公同被逮繫，後復同起辦金川軍事者。光緒戊子，公玄孫維垚官粵東，覆刻之。公又有手書詩草，維垚裝池成卷，丐名流題詠。維垚之子世傑，攜來京師，余得觀之。字頗雄健，詩凡五首。《武侯祠懷古》一首，音節抗厲；《山居》二首，又復沖夷澹遠。相傳公落職後，居成都百花洲，閉門種菜，有遺榮之志，余在蜀聞父老言如此。

二喬觀書圖

余秋室學士畫《二喬觀書圖》，為盧氏莫侍郎瞻菉作。莫自題識，同時老輩題者甚夥。貴筑花曉亭方伯杰有七絕二首。方伯為余婦之大父，有《寶硯齋詩鈔》。方伯嘉慶戊寅科鄉舉第二名，時解元為黃燮，人謂之「黃花榜」云。

退庵手臨趙孟頫千字文

先高祖退庵府君手臨趙文敏千字文，跋云：「趙文敏臨智永禪師千字文本真草二體，延祐中被旨與其子雝所書，有至元危素、至正元明善二跋。茲但臨其真書，以便初學。字多破體，未盡改正也。乾隆五十九年甲寅春，退庵氏書於嘉興縣齋。」按乾隆甲寅，府君年六十五，書法勻整，首尾一律，仰見老輩好學之篤，而精神強固逾越常人。此冊庚子歲得於蜀中，世世子孫當永寶之。

陸嗚棧道圖

先大父舊藏陸嗚《棧道圖》卷子，故為婁姚公一如方伯家物，壽陽祁文端公題七古一章，云：「天以山水作圖畫，赤縣一紙鋪塵界。蠶叢魚鳧闢奇格，鬼斧神工逞狡獪。畫工巧奪造物忌，縋鑿幽險驚脫械。褒斜鳥道矗千里，石棧天梯天亦隘。大江奔流去不還，古火燒痕今尚壞。裹氈行人小於蝗，插崖亂木紛如薑。捫參歷井仰長歎，猿叫鵑啼吁可誡。空堂暑雨鳴簷鈴，展卷秋毫認烽砦。近代丹青推陸癡，當時筆墨壓嚴怪。驢背詩人劍門客，年少遠遊氣豪邁。歸來意境頓超突，收取雲巒入謦欬。更從何處得此本，覓句呼朋同一快。雪峰舊圖搜宋譜，騾綱妙繪分唐派。坐中王褒亦蜀人，便思翦燭從君話。（謂王蓮洲）」

牛山種樹圖

《牛山種樹圖》，少白山人張宜尊為舒蘇橋觀察作。道光己亥，先大父與蘇橋同官於皖，嘗為題句。圖中有梅伯言記，黃樹齋、湯海秋、陳雲伯諸公詩。余在長沙，葉奐彬吏部舉以見貽，距題圖時蓋七十年矣。蘇橋名夢齡，溆浦人，由庶吉士散館，官巢縣，有惠政。牛山在縣城內，嘗於其地建書院，與邑諸生講學於山中，種樹無算，亦循吏也；後官盧鳳潁道。

貝葉經歌

丁龍泓隱君手書《貝葉經歌》，與經同弆靈隱寺借秋閣。此歌凡七易稿，張芑堂全得之，嘗以贈魏春松侍御，侍御裝池為長卷，並藏閣中，為山中故事云。

楊漣手札

明楊忠烈公手札五通，皆與姚現聞者。現聞為文文肅甥。札中言「令母舅」，文起是也。李申耆跋，考據頗詳。第一札，天啟元年冬因賈繼春黨詆公，公乞去時也。二札，天啟二年起太常少卿，時現聞已假歸。三札，當在三年中，言汪文言之獄也。四札，乃四年正月八日。公三年冬拜左僉都御史，四年春進左副都御史，札中有「上不能保其妃與子」語，則三年七月間事。四年夏即有劾忠賢二十四罪之疏矣。其曰：「接數次手教，孰非為世道人心，先事遠慮，夫使當事諸君子盡有此心此識，無事預有照理，臨事妙有劑量，己不受焦頭爛額之功，而世自享清寧太平之福，皞皞氣象，自是如此，而惜乎君子亦未必能也。」諸札有憂有憤，如聞啜泣，如聞長歎，讀之悚然起敬。

左光斗手札

左忠毅公手札五通，亦皆與姚現聞者。一札，乃公出督畿輔學政時作，天啟元年。二札同三札，賀文文肅大魁，二年。四札，現聞假時作。五札同，中有云：「年來世道清明，正人尚在，似覺門面可觀。而小人不得志於清議者，往往鋋而走險，投身中璫，以求奇勝，如南昌、景陵、晉陵、吉水、長安、芮城、益都、婺源、安邑、潼關，皆以中旨去。其法專用於內，而以外合之。近又兼用挑激之法，使外之人離心異志，諗諗訛訛，千態萬狀，乘間而發，而以內收之」。諸札繫心君國，與忠烈同，而詞氣稍異。忠烈縝密，忠毅豪邁，書跡亦如之。有李中耆同日跋。

張遂辰像

先大父舊藏張卿子隱君像一幀，天啟壬戌閩人曾鯨波臣畫。上有丁敬身、杭大宗、厲樊榭、梁薌林、葰林、周穆門、柳澩夫、沈塙士、彭芝庭諸先生詩。汪氏東軒吟社嘗以此命題，先大父及汪小米、胡書農、黃薌泉皆有詩，見《清尊集》。隱君詩分《湖上》、《白下》、《蓬宅》、《衰晚》四編，先生手定，歿後刊板散亡，康熙戊辰外孫金張重為補刊，丁松生丈藏有抱經堂手鈔校本。

吳石倉小像

光緒丙午冬，於武昌之勸業場書肆見吾鄉吳石倉先生小像，新羅山人畫，題詠多鄉先輩。以索直昂，議未諧，後為同年桂陽陳復心所得。戊申歲，復心來主嶽麓學堂，余語前事，曰：「此吾鄉先輩也，吾將為仇池之易可乎？」辛亥春，余謝病歸，過武昌，復心置酒話別，酒酣出此圖贈行，余深感之。其年秋，武昌亂作，復心還湘，又二年鬱鬱以死。每展此幀，泫然流涕。

劉宗周海天旭日硯

劉念臺先生海天旭日硯，其十一世族孫瀚以墨拓徵題。硯長方形，中圓如日，四面作波濤洶湧狀，上方刻「海天旭日」四字。硯背刻山島，形在海中，水面作日象，左側有「崇禎壬申宗周珍賞」八字。瀚自記云：「此硯藏家廟，子孫世守之。先大父西桓公由孝廉官楚北，道光甲辰奉諱回里，修葺宗祠，捐置祭器，宗老嘉之，乃貽此硯。咸豐癸丑任漢陽縣，賊由豫章侵江漢，嬰城固守，力竭身殉。當烽煙告急，公誓與城存亡，遣孥出走，持硯告曰：『此祖宗遺澤二百餘年，宜保護之。』先考星六公以襲職橐筆軍中，積勞以卒。此硯倖存，為累葉忠貞之氣所默寄。謹摹鋟諸木，紀其崖略。」

西桓名鴻庚，道光元年舉人，大挑知縣，官湖北沔陽州、蘄州、遠安、天門、黄岡等縣，咸豐三年移署漢陽，九月粵匪陷漢陽，死之。大吏疏聞，優詔褒恤。星六名憲，官湖北枝江、長樂知縣。

南屏七代詩僧

吾浙多詩僧，而以西湖諸名剎為尤盛，如南屏淨慈寺自亦諳、烎虛、讓山、主雲、惠荃、樾堂、小顛，人各有集，儀徵阮文達所為書「南屏七代詩僧之室」匾額者也。烎虛、主雲皆善畫山水。余嘗見主雲淡墨山水畫冊，為竹雪亭主人所藏，今不可再覯矣。日本高洲太助來長沙，得實蔭和尚山水畫卷。實蔭，亦烎虛法嗣。烎虛於乾隆六年主聖因寺，二十二年移住淨慈，南巡賜紫三次，三十三年退院，命實蔭代其事。實蔭工詩，善畫山水，見杭大宗《道古堂集》。其後，實蔭乃移主乾峰寺終焉。此冊署款無年月，而自稱「西湖南屏實蔭」，則正當繼席烎虛之年。畫法純用枯墨，而蒼莽之氣溢乎毫楮之外，洵足寶也。余又嘗見歸安金丈彥翹獲掌大冊子，為主雲真蹟。蕭淡中得蒼秀之致，謂日夕對此，可抵一服清涼散也。丈善畫，性孤潔，自號竹雪亭生。

卷八

讀閻懷庭先生循觀《困勉齋私記》，曰：「居敬窮理是一事，靜坐覺有閒念即是不敬，正念相發即是窮理」。又曰：「存心處事，當與古人較得失，不可與今人較得失」。又曰：「譽有益於名，無益於實；毀有損於名，無損於實。故君子務實而已，不以毀譽動於中也。」又曰：「有人待我以橫逆，便當思聖賢處橫逆是如何？有人愛我敬我，便當思聖賢處人愛敬是如何？」其引林逋之言，如「勉強為善，勝於因循為惡」；「耳不聞人之非，目不視人之短，口不言人之過」；「以責人之心責己則寡過，以恕己之心恕人則全交」；「子不可待父慈而後孝，弟不可待兄友而後恭」；「語人之短不為直，濟人之惡不為義」，皆名言也。

其《文士詆程朱論》，曰：「予觀近代文士以著述自命者，往往傅會經義以立言，然於程朱之學，則或者尋釁索疵，而深寓其不好之意。予惑焉。夫程朱之言，即六經也，學者苟近思而求之，則有見其理之一，而本末之無殊致矣。又有說焉，文士所愛者辭也。六經之辭古雅深奧，利於引據，增文章之光悅，故雖棄其實而猶取其華。程朱之言，直陳事理，或雜以方言，無雕琢之觀，華實兩無取焉，而其言又顯切近今情事，足以刺譏吾之所為，而大有所不利，則安得不攻也哉？然不敢攻其大者，何也？其大者，君臣父子之經，修己治人之理，皆燦著於經，詆之則為詆經，詆經則犯眾誅，故不敢。乃摭其訓詁字義、考論故實之異於他說者，窮極其辨，至刺刺累幅不已，或詆之為愚為愎。嗚呼！六經，程朱之所傳者，非字義、故實而已也，其道在於君臣父子之經，修己治人之理，人道之所已經緯、天地之所以貞固、鬼神之所以昭明者皆在焉。如以字義、故實而已，則古之善是，宜莫如記醜而博之少正卯，而見棄於聖人何也？況其所據以攻程朱之說，又多程朱所辨而廢之者，而非其博聞之有不及也。」誦先生此篇，深切著明，可為詆宋儒者痛下鍼砭。

李文耕論世局世態世味世情

滇處西南邊徼，而文章氣節代不乏人。昆明李復齋先生文耕，尤能以宋儒之學服官治民，非空言道學者比。先生嘉慶壬戌進士，由山東知縣累官至貴州按察使。其官鄒平、冠縣、膠州，皆有惠政，民呼之為「李青天」。著有《喜聞過齋全集》二十三卷，《山左文移》、《黔中文移》，亦在其中，多至誠惻怛之言。余在滇，嘗假諸吳肅棠學使得讀之。中有云：「近日功利之害，逼天塞地，徹骨透心。勿論富貴貧賤、高明沉潛之人，舉凡交際往來、倫常日用之事，非利不動，非利不行，直以趨便求益煉成人心，鑄成世界。一舉足而不忘利，一涉念而不忘利。其正人君子倡為義舉者，則孑立無與，孤掌難鳴，除貼心貼力、任勞任怨外，仍須以利脂秣，以利灌溉，然後各得其欲，為我所用，而堤防少疏，仍恐為所劫制；其旁觀之忌者惡者，阻難之，中傷之，又無論矣。嗟嗟！一舉事而傷仁人孝子之心，短英雄豪傑之氣，殆無過於今日之世局、世態、世味、世情者矣。」先生生當盛時，而其言若此，殆亦有所激，有所指。然以今日之世局、世態、世味、世情，殆又過之，安得如先生所謂「滌垢穢之肝腸，剔腥羶之骨髓，漸復本心知有廉恥」者乎？

楊名時教子孫語

江陰楊文定公教子孫語：

取人以剛明為最，次則取其刻苦者，為其終有成也。若浮游淺薄，則為廢材。

寒花耐冬，春夏之花則不然，故生於憂苦亂離之人多堅實。風霜之威，天之殺物，正以成物；禍患之降，天之困人，正以成人。遇之而摧者，乃凡卉庸流耳。

陽善陰惡，驗之一身即可見。神氣，陽也；體質，陰也。人之惡端皆起於耳目口鼻四股之欲，非陰惡而何？陽之有惡，亦為陰所累耳。天之生人，使各有身，乃與以為善之具也。誠知此，而使神氣常靜，一為身之主，而百體從令焉，所以矯氣質之累，而復天命之原也。

蔡世遠論治術

漳浦蔡文勤公《二希堂集》云：「大臣以身任事，必有公清之操，有愷惻之懷，有明通之識，有強毅之概，有儆懼之心。無公清之操，則不免有寵利之疾矣。無愷惻之懷，則不能有納溝之恥矣。無明通之識，則膠執而鮮通矣。無強毅之概，則雖知其然，發之不勇，守之不固矣。無儆懼之心，則自信太過，禍且隨之矣。」讀此，因歎國初至乾嘉間，中外大臣能兼是數語者，尚可用事實言論而想見其人。近百年來學術日卑，人才日乏，自林文忠、胡文忠、曾文正數公外，殆未足語於此。治術無本原，國家將何所倚賴乎？

錢泰吉開示後學垂訓子孫語

讀錢警石先生《曝書雜記》，學識精博，直接乾嘉老輩之緒，其開示後學，垂訓子孫，尤為見道之言，節錄數則如左：

湯文正公家書云：「家下書籍用心收著，一本不可遺失。有人借，當定限取來。書冊愈舊者，愈當珍之，不可忽也。我回家賴此延年，此要務也。」文正以書籍為延年，真萬金良藥。

「余初至海昌，意有所語，輒覺心悸。蓋家居時，父兄朋友相與無猜，乃竹垞翁《曹文學墓志》所謂「田居往還者，寥寥數子，相見肝膽畢露，妄謂天下無不可交之人，無不可言之言」也。及病甚，始自悔，因讀《近思錄》，於存養克己諸條，再三涵泳，宿疾頓瘳。」文端公每教人讀《小學近思錄》，悔不早讀是書，以變化氣質也。

孫徵君《孝友堂家訓》語永興侄孫曰：「吾家沭陽公以廉吏起家，爾祖能繩其武，我輩俱為清白吏子孫，較以金帛田宅遺後人者榮多矣。爾祖常語余曰：『沭陽公一任止受新生公宴綢一匹，弟今日仍覺於先德有愧也。』惟自覺有愧，始無愧耳。留餘忌盡，天之道也。常處其不足，以為可增可加之地；若增無可增，加無可加，立刻索然矣。」（謹按：坻先世夔州公，亦以廉吏起家，今綿延已七世矣。敬念舊德，昕夕皇悚。）

錢文端《行廨箚記》中一條云：「大凡人家興旺，每一二世必衰，從此後，或遲一二世又興者亦有之，總未有赫奕不衰者。譬諸花木果實，連年燦爛稠繁，間一二年必稀，俗名歇枝，蓋亦盛衰循環之道。《易・繫辭》曰：『剝，窮上反下。』又《易》『窮則變，變則通』。陰陽消長，理所必然。孟子曰：『君子之澤五世而斬。』人家子弟常須自思身當斬澤之時，何可無培養之功，如臨深淵，如履薄冰，念念積累，事事積累，一世培養，世世培養，自然連綿不斷，續箕裘而振家聲，亦所謂君子存之者也。」

家訓語錄三則

才力智慮之人，不可無慈祥之氣以養其福。富貴聲望之家，不可無渾樸之子弟以存其元氣。（甘楗齋語）

處逆境難，處人倫盤錯之逆境尤難，天地鬼神以此試其人而煉之也。宜憂勤惕厲，喜怒啼笑總勿輕用，而此中一主於正，無稍詭移也。（毛稚黃語）

不辱人以不堪，不愧人以不知，不傲人以不如，不疑人以不肖，不輕出詩文示人。制毒性以化殺機，養喜神以延壽脈。教兒童放生，不拈蟲弄雀。留心教女，為人家造奕世之福。（沈大匡語）

王雲廷家戒

王文莊公封翁文山先生雲廷，嘗輯《國子監志》，卷帙繁富，惜佚不傳。先高祖退庵公嘗稱先生所著《寶言堂家戒》云：「人家出一斫削元氣進士，不如出一培植元氣秀才。」又嘗寓書文莊云：「詞章之學，祇求文理無疵，刻意求工則害道。進取之途，須知得失有命，稍事馳騖則喪品。悠悠忽忽，便虛度一日，便虛度一年，便虛度一世。戰戰兢兢，始不負所事，始不負所生，始不負所學。」

此可書作座右銘也。

汪由敦謂為大家子弟倍難

汪文端公，雍正甲辰二甲一名進士，官至吏尚、協辦大學士、太子太傅，贈太子太師，乾隆間直南齋，入樞府，御書「松泉」二字以賜，因以自號，有《松泉詩文集》。性謹厚，嘗謂「為大家子弟倍難，面諛多則無從聞過，屬耳目則不能藏拙，故須謹之又謹。」誠至言也。

趙大鯨論巧宦

趙橫山先生大鯨，由進士歷官左副都御史。相國永貴，其門下士也，初撫浙，詣辭，問曰：「此去，政當奚先？」曰：「劾貪。」先生笑曰：「貪吏贓入己者，不必劾也。」相國愕然。先生曰：「贓入己而不分潤上官，上官早劾之矣，不待君也。今之巧宦，全取諸民，而半致之上，或且全致之，以貢媚而營私，上下固結，牢不可破。譬如獲盜，胠篋百萬，有所恃焉，則無敢蹤跡之；其所擒者，皆竊鐵攘雞輩耳！」相國再拜曰：「微先生無能言及此也！」

梁履祥云不學不悅

海寧梁伊湄履祥，篤信朱子之學，案頭置考亭全集，正襟循覽，日有程課。及門問曰：「學幾時才到悅地？」答曰：「即學即悅，無兩候也。畏難不悅，俗學不悅。外此，雖學佛老者，亦有得心之時，況吾道之精微廣大乎？君之不悅，正坐不學；反於學外求悅，不亦左乎？」聞者歎為至言。

曾國藩家訓

凡家道所以可久者，不恃一時之官爵，而恃長遠之家規；不恃一二人之驟發，而恃大眾之維持。老親舊眷，貧賤族黨，不可怠慢。待貧者，亦與富者一般。當盛時預作衰時之想，自有深固之基矣。

處此時世，負此重名，總以錢少產薄為妙。一則平日免於覬覦，倉卒免於搶掠；二則子弟略見窘態，不至一味奢侈。

處茲亂世，錢愈多則患愈大。每年足敷一年之用，便是天下之大富，人間之大福。家中要得興旺，全靠出賢子弟。若子弟不賢不才，雖多積銀、積錢、積穀、積產、積衣、積書，總是枉然。

吾家現雖鼎盛，不可忘寒士家風味，子弟力戒傲惰。戒傲，以不大聲罵僕從為首；戒惰，以不晏起為首。

以養生六事勖兒輩：一曰、飯後千步；一曰、將睡洗腳；一曰、胸無惱怒；一曰、靜坐有常時；一曰、習射有常時；一曰、黎明吃白飯一碗，不沾點菜。皆聞諸老人，累試毫無流弊者。

有福不可享盡，有勢不可使盡。福不多享，總以儉字為主。少用僕婢，少花銀錢，自然惜福矣。勢不多使，少管閒事，少斷是非，無感者亦無怕者，自然悠久矣。（曾文正公家訓）

曾國藩不忮不求兩詩

《曾文正公家書》垂訓子弟精理名言，殆不勝記，獨其將赴天津示二子書中不忮、不求二詩，嘗書之當座右銘。詩曰：

善莫大於恕，德莫凶於妒。妒者妾婦行，瑣瑣奚比數。
己拙忌人能，己塞忌人遇。己若無事功，忌人得成務。
己若無黨援，忌人得多助。勢位茍相敵，畏逼又相惡。
己無好聞望，忌人文名著。己無賢子孫，忌人後嗣裕。

爭名日夜奔，爭利東西騖，但期一身榮，不惜他人污。聞災或欣幸，聞禍或悅豫，問渠何以然，不自知其故。爾室神來格，高明鬼所顧，天道常好還，嫉人還自誤。幽明叢詬忌，乖氣相回互，重者災汝身，輕亦減汝祚。我今告後生，悚然大覺悟，終身讓人道，曾不失寸步；終身祝人善，曾不失尺布。消除嫉妒心，普天零甘露，家家獲吉祥，我亦無恐怖。

知足天地寬，貪得宇宙隘。豈無過人資，多欲為患害。在約每思豐，居困常求泰。富求千乘車，貴求萬釘帶，未得求速償，既得求勿壞。芬馨比椒蘭，磐固方太岱，求榮不知厭，志亢神愈怵。歲燠有時寒，日明有時晦，時來多善緣，運去生災怪。諸福不可期，百殃紛來會，片言動招尤，舉足便有礙。戚戚抱殷憂，精爽日凋瘵，矯首望八荒，乾坤一何大。安榮無遽欣，患難毋遽憨，君看十人中，八九無依賴。人窮多過我，我窮猶可耐，

而況處夷途，奚事生嗟慨。於世少所求，俯仰有餘快，
俟命堪終古，曾不願乎外。

左宗棠家書

左子異方伯寄贈《文襄公家書》印本，錄其最切要語：

既讀聖賢書，必先求識字。所謂識字者，非僅如近世漢學云云也。識得一字，即行一字，方是善學。終日讀書，而所行不逮一村農野夫，乃能言之鸚鵡耳，縱能掇巍科、躋通顯，於世何益，於家何益？非惟無益，且有害也。馮鈍吟云：「子弟得一文人，不如得一長者；得一貴仕，不如得一良農。文人得一時之浮名，長者培數世之元氣；貴仕不及三世，良農可及百年。務實學之君子，必敦實行」。此等字，識得數箇足矣。科名亦有定數，能文章者得之，不能文章者亦得之；有道德者得之，無行誼者亦得之。均可得也，則盍期蓄道德而能文章乎？此志當立。

丈夫事業，非剛莫濟。所謂剛者，非氣矜之謂，色厲之謂。任人所不能任，為人所不能為，忍人所不能忍。志向一定，併力赴之，無少夾雜，無稍游移，必有所就。以柔德而成者，吾見罕矣。

近來時事日壞，都由人才不佳。人才之少，由於專心做時下科名之學者多，留心本原之學者少。

且人生精力有限，盡用之科名之學，到一旦大事當前，心神耗盡，膽氣薄弱，反不如鄉里粗才，尚能

集事，尚有擔當。試看近時人才，有一從八股出身者否？八股愈做得入格，人才愈見庸下。此我閱歷有得之言，非好罵時下自命為文人學士者也。

我生平於仕宦一事，最無繫戀慕愛之意，亦不以仕宦望子弟。諺云「富貴怕見開花」。我一書生，忝竊至此。從枯寂至顯榮，不過數年，可謂速化之至，絢爛之極，正衰歇之徵。惟當盡心盡力上報國恩，下拯黎庶，做我一生應做之事，為爾等留些許地步。爾等更能蘊蓄培養，較之寒素子弟加倍勤苦力學，則詩書世澤，或猶可引之弗替，不至一旦澌滅殆盡也。

古人經濟學問，都在蕭閒寂寞中練習出來。積之既久，一旦事權到手，隨時舉而措之，有一二椿大節目事辦得妥當，便足名世。目今人稱之為才子，為名士，為佳公子，皆諛詞，不足信。即令真是才子、名士、佳公子，亦極無足取耳。

吾湘於咸豐初年首倡忠義，至今二十餘載，流風未沫，諸英傑乘時樹績，各有所成，為自來未有盛事。此時正宜韜光匿采，加以醞釀，冀後時俊民輩出，以護我梓桑，為國幹輔。不宜更事鋪張，來讒慝之口，而壞老輩樸願之風也。

吾平生志在務本，耕讀而外，別無所尚。三試禮部，既無意仕進，時值危亂，乃以戎幕起家。厥後以不求聞達之人，上動天鑒，建節錫封，忝竊非分，嗣復以乙科入閣，在家世為未有之殊榮，在國家為特見之曠典，此豈天下擬議所能到，此生夢想所能期？子孫能學吾之耕讀為業，務本為懷，吾心慰矣。若必謂功名事業，高官顯爵，無忝乃祖，此豈可期必之事，亦豈數見之事哉？或且以科名為門戶計，為利祿計，則並耕讀務本之素志而忘之，是謂不肖矣。

王先謙之立身為學

長沙王葵園師，嘗與人書云：「平生願為讀書人，不欲貌襲名士；願為正人，不欲貌襲道學；願為建言之人，不欲貌襲直諫。」先生立身本末，為學大指，數語盡之矣。

袁昶記張之洞與左宗棠

袁忠節公《小漚巢日記》云：「孝達督部出詩四卷枉示，某對公言：『此安石碎金，故當流傳世間。』公笑曰：『那得便爾，殆不過陶公木屑耳！』憶壬午年謁左文襄時，以病在告，予對言：『公晚境可務自全，正宜如裴晉公放意機衡外，收身矢石間耳。』文襄蹴然改容，云：『吾安敢望裴公！今蝨政府，殆不過束縛酬知己，蹉跎效小忠而已。且吾位為宰執，豈容依阿浮沉，專務自全。子言非也。』兩公之於詼諧中出莊語，箭鋒相直皆此類。」

弛張貴因時

孟子為滕畫策二，或皮幣將事，或效死勿去。魏絳之謀，傳稱五利，漢過不先，亦師老氏柔能剛之誼，以息事寧人為用。其利敗之幾，未可以一言定。一策決也，苟利社稷，貴因時弛張耳。吾觀至元十二年世祖與宋議和，獨松關守將殺使者廉希賢，激世祖之怒，而宋社旋墟。天聰六年，我太宗文皇帝與明修好，賜大同巡撫沈棨書，議互市；明人治棨罪，絕邊市，有以激王師之怒，而明社遂移。絕之未知其利，通之不聞其害（班固上疏），兩國兵交，聘問之使，往來其間，利敗之幾，豈一端盡哉！（袁忠節跋胡忠簡遺象研拓文書後）

袁昶貽書

袁忠節公在京曹日，才名甚盛，而實篤志於身心性命之學。余嘗聞其緒論，心折之。一日以書貽余曰：「方今九流溷濁，人才衰少之會，必得篤實慈祥有大根器者，起而相摩相盪，乃足以消世變而引善機。君以太邱蟬嫣之門地，負沉深篤雅之姿，天之予君者厚，則所以自待者自不應薄。區區之竊望於先生者，重遠之學，闊大之規，而非所望於刻琱眾形無實之言也。竊謂近代名流之學，非所以期高流，其唯潛齋先生、沈端恪之遺書乎！」余服膺斯語，而汩於世法，未由實踐，愧負良友多矣。

袁昶論學

忠節師事劉融齋先生，服膺其說，屢見於文字中。其論為學之方，尤足為後學準的。嘗見其與宗人敬齋觀察書牘卅餘通，錄其二則，云：

為學之方，鄙意以為兩漢至今，風氣屢變。凡前人立一宗旨，皆有致用方略，不可偏廢。正須集長去短，博採兼收，如九流有九流之用。西漢人主陰陽五行，多喜黃老；東漢人多主訓詁；陸子靜、王文成用曹溪宗旨；國朝諸老，先多講考證，皆各有派頭，各有方略。至於北宋義理之學，又元和以來，降及虞道園、歸熙甫，至近代方氏、姚氏為古文之學，尤為學術穿線統宗之處。近年論經濟之學，以曾文正為正軌，左文襄才氣優於問學，似不逮遠甚。論經義，以陳蘭甫為正軌。論古文，以姚姬傳氏為正軌。此三家之書，子弟能熟讀，亦可以束身自立，獨往獨來於濁世之中。若夫經師家法門徑，亦不可不知其梗概。文筆之事，去病求利，亦吾身之甲冑干櫓也。

夙昔雅信曾文正公云：「功業之事，天命居其七，人力居其三。學問之事，人力居其七，天命居其三。」此知命之談也。蓋功業之來，全視乎時，讀子雲《解嘲篇》，可知其理。仕途亦由命定，不可強求。惟學問盡其在我，可以自我為政。第成器與否，亦視根器之大小，年力之修短為衡。古今學者如牛毛，成者如麟角，可太息也。我輩年已□□，去者如此，來者可知。功業二字，不必寓之夢寐，徒勞煩擾矣，惟力學以希炳燭之明，其可乎！

袁昶書牘二則

中材以下，非有盤根錯節之遇，貧賤憂戚淬厲玉成之境，鮮有能自立者。如於北溟宰羅城，郝浴窮居尚陽堡，使之困心衡慮，體認本來面目，刊落浮華，鞭辟入裡，乃得治心養氣工夫，而後德慧術智生焉。若置之豐腆安逸之地，愚者固靡然結習，賢者亦筋骨不堅，最為敗壞人才之具。

分一日光陰，以其日力精力之半游心於無為法，以其半程功於有為法，動與靜交相養，智與愉交相養，藏修息游，量力而動。如是則和理日濟，榮衛之間，血氣融通，蠲除煩苛，精氣不竭，而應務不窮。（袁忠節公書牘）

陳豪訓子語

接物處事，隨固不可，激亦不宜，郭有道貞不絕俗；吾又嘗刻小印文，曰「夷惠之間」，可知吾之志也。然此中卻順實有貞力，否則隨俗而靡矣。又曰：於己，則是之中求其或有未是；於人，則不是之中求其亦有是。古人嘗謂諸葛公三代下一人，其教子祇「澹泊寧靜」四字。又曰：才須學也，才賦於天，學勉於人，可以自主。

人之志氣，固貴自立，而亦關乎精神興趣。發憤忘食即是精神，樂以忘憂便是興趣。

心總不能無所安著，既不著於讀書做人，即軼於規矩之外。

驕之一字，誤盡古今人物。周公尚不能驕，況下此萬萬。

我生平不肯向人稱貧，不欲輕受人惠。

從來絕大事功，皆從平實做出來，未有不平不實浮誇誕妄而能有成者。

近來人總膠漆於一私，所言或公，及治事便營私。（陳藍洲訓子語）

王燧巧黠

乾隆《杭州府志》成於杭州知府儀徵鄭楓人澐。先是，邵闇谷齊然嘗創修，已具稿，未刊而邵公卒，繼事者為王燧，以己意竄易之，故今印本有異同。未幾王敗，所刻本遂不行，鄭公乃賡續成之。邵公以文學起家，溫然儒吏，巡撫王亶望惡其迂拙，百計窘辱之，邵公憂憤以沒。如皋王燧，巧黠人也，覬得是缺，陰擠邵，邵歿，王遂權知府事。相傳王受事日，入內署，瞥見邵公衣冠出，手批其頰，悚懼不敢入署，假鹽運分司署居之。未幾，巡撫被逮，王亦見法。聞王最工逢迎，多機智。一日，巡撫命兩縣令置竹榻，欲久用光澤之竹而未經人坐臥者，索之急，縣令計無所出，請於守。守曰：「易易耳！市上線鋪理線竹具，多年久極光澤，可以新竹遍易之，頃刻可成也。」如其言，巡撫大悅。其警巧多類此。沈丈輔之云。

扶乩之說

世傳扶乩率有仙人降其處，其實真仙孰與人間事，殆靈鬼託之耳！然其言往往有可動人者。杭州某孝廉遊食京師，後以貲得內閣中書，而不迎養其母，書問亦罕達。庚申賊破杭州，乃倉皇歸，覓其母不得。有請乩者，往焉，詢母存否？盤中書云：「仕則慕君，便把庭幃冷落，清夜自思，能不潸潸否？貧而為祿，亦仕之常，但求忠臣必於孝子之門。此言何解？爾問爾母，爾母自逍遙也，向西覓之可得。」某嗒焉若喪，逾數月附舟至嘉、湖間，卒於舟中。舟人舁之岸，將槁葬矣，檢衣中得一木牌，書姓名官爵甚悉。有馬翁者，素相識，聞之，為具棺斂而葬之。乩壇數語，婉而多風。雖鬼也，吾猶敬之。

徐大綸異事

山陰徐大綸，字香莊，乾隆六十年官鎮筸五寨司巡檢。時紅苗焚掠乾、鳳、永三廳，鎮軍以輕進陷，苗攻筸益急。大綸奮挺大呼，募敢死士百餘人，殲苗甚眾，苗始卻；復團練鄉兵守禦，苗不敢近，呼為徐三將軍。大綸行三，故云。嘉慶二年，中丞傅公時為鳳凰廳同知，大綸在軍中，其冬，一夕以勞疾卒，將斂，忽大聲作北音曰：「奉神命傳傅公至。」又作山西音曰：「忠義吾所佑，徐大綸有活生靈功，為請於帝得不死。」呼傅公至前，以指畫掌，作百餘字，且曰：「善視若，吾去也！」大綸病遽起，當時譁傳以為異事。余至長沙，故老猶有能述其事者。

施成章有義行

仁和施三成章，業米湖墅。咸豐庚申，賊圍城亟，城中米殆盡，成章輟業家居，積米尚夥，乃廣給鄰里之餓者，人來乞，與之米，未嘗取值。城破逸出，奔走饑甚，遇一老嫗施粥道旁，因就食。後屢逃徙，所至輒得食。自言流離困苦中未受一日餓也。亂定後，仍業米行。凡至他縣販米，遇鄉人逃徙不得歸者，挈之返，問其家而還之；無家者，輒代營生計。賈人子為善於鄉，而知之者鮮，余故為表之。

蕭山民忤母者

蕭山鄉民有忤其母者，其平日悖德事不知也。言者但謂其子嘗出外，屬妻具蔬飯，俟歸而食之。及出，婦以奉姑。夫歸，索食不得，妻畏夫，不敢隱，夫怒撻其妻，母慚憤自縊死，鄰里咸莫喻其故。越數日，天大雷雨，擊其子死，始知其母死之由云。

孝謹之報

潁州之鄉八里松居民鄔姓（音近鄔，亦不知其為鄔抑為伍也）。兄弟四人，而不能養其母。蓋家素貧，子長，各使營生計，而四子以次排日供膳。伯與仲家稍裕，而供養甚薄，久且生厭。叔貧，縫紉為業；季為圬者，尤窶。叔與季懟曰：「母不能與兩兄校，兩兄不乏甘旨，乃徒食兩貧子耶？」母由是怏怏。會除夕，當伯供食，則先闔扉示弗納。母至，呼不應，以杖擊扉，亦不應，母哭而返。季之婦，賢者也，居恆奉姑謹。母既不得食於長子，乃走告季婦，婦勸慰，且留之食。季弗欲，婦乃乞鄰得米一碗，又鐺底焦飯升許，以布縛之，使姑攜歸。路側有大池，母以悲憤不克自申，過池上，坐地哭，竟投水死。明日，有過之者，見池上遺杖一、布橐一，水面浮婦人屍，因相聞於路。季婦聞之色然，駭趨視，姑也。發橐，則米與焦飯具在，乃大慟，呼其夫入水撈姑屍。夫不善泅，亦俱沉焉。而其兄嫂六人者，聞之若罔聞也。餓而天陰晦，霹靂驟起，攝三子及婦並跽池上，同時震死。鄰里遠近咸來瞻睹，莫不悚栗。三子皆無嗣，獨季生兩兒存，亦此婦孝謹之報歟？

謹愨之士

謹愨之士，必信必果，雖死不改其志，乃至沒既數年，而初心耿然，亟欲自白者。徐丈居夏縣日，與邑之幕客張君交。其言訥，其行拙。張之戚屬有官於秦而歸者，其子病，張邀徐丈往診之，既癒，其人以白金來謝，張為代致，徐丈辭不可。時張方俶裝北行，徐丈即以金屬購京師高麗參，既而病歿京寓。逾兩年，徐丈自夏縣入都，宿盧溝逆旅，恍惚夢其來，深以得金未買參為己咎，委婉謝過云。

不可輕於非笑

夏縣二明經，人稱之分東學、西學焉。東學忘其姓。西學盧某，文學素荒陋，偶作書與人，語多俚俗。東學見之輒大笑，盧慚甚。後學宮老柏為風所仆，東學裁其一枝作庋書板，盧遂具詞控於上官，誣以學宮柏作壽具，幾至落職，久之乃免。一談笑頃耳，而身名之禍隨之，世之輕於非笑者可以儆矣。

姚益齋有善報

姚丈益齋家一輿夫，執役有年矣，一日令齎帷幕枕簟之屬於他所。輿夫適逋負不獲償，竟投諸質庫。太夫人怒，將逐之。姚太陰使人詢質何所，得錢若干，為贖還，而留輿夫弗使去，曰：「因此事見逐，彼無復啖飯地矣。」又縫人某，竊其絮衣將盡，為爨媼所睹，丈則微告焉而善遣之。辛酉杭州破，賊所至率用土人為導，而一輿夫、一縫人適皆在賊中，脅以指示，過姚丈宅門，紿賊曰：「是貧家，無財物，可勿入也！」因得免於剽掠云。

柴紹炳歿後為神

江西太學生羅含，康熙甲辰客京師，館於真定梁氏。一日感暴疾，有二卒引至冥司殿下，甫入門，冥官傳呼乘輿出，儀從甚盛。羅視冥官貌清癯，弱不勝衣，而丰度端整，心知為正神，不辨為誰。有執卷而隨者，乃羅亡友錢塘洪貞孫也，因詣揖問無恙外，即叩輿中人。洪微哂曰：「此吾鄉柴公虎臣，爾豈未之聞耶？」羅故聞柴名，趨向長跪，以功名請，不應。叩至再，乃曰：「此非吾職。汝但體天地好生一念，自能致之。」言訖而甦。時嚴司農沆、施侍講閏章聞其事，同詣羅，羅述其年貌舉止，皆與柴合。此事見天津沈文和兆澐《篷窗雜錄》。柴先生名紹炳，仁和諸生，生平篤守宋學，孝友為鄉里矜式，歿而為神，宜哉！

朱雨田長壽

長沙朱雨田，原籍安徽南陵，以寒士起家，操計然術致富。生平以濟人利物為己任，自道光己酉賑水災為致力善舉之始，其後歷咸、同、光三朝五十年中，善行不可枚舉。所居距長沙省城十餘里，築室先塋之旁，奉母以居，顏曰「萱圃」。性好蒔花，春秋佳日必以花時宴客。年七十餘矣，而神明不衰。中歲苦羸疾，服鍾乳、硫磺諸品，疾愈甚，後乃服大黃、黃連、元明粉、小薊、檳榔諸藥，遂大瘥。自言生平所服大黃已在千斤以外，黃連等涼劑亦四萬餘帖，亦可謂異稟矣。壽至九十而終。

餘杭屠者貪財

有屠者居餘杭之鄉，門外隙地悉種瓜。方春墾土，見土中有古錢，掘既深，所見益夥，數日竟得萬餘，紫色深黝，多宋年號。鄰人聞之，將謀爭掘。其妻吝之，掩土而坐其上。比夜，與夫潛出，將盡取焉，則土以下磚石層累，無所施鋤揭矣；所得錢萬餘，亦莫知所究竟云。

救縊死丸

活蝦蟆一個，縛掛風際，勿見日。既死，復擊之，埋入土中。遇月食時，速崛起，置地上，覆以銅盆，以錘擊盆作聲勿少間，俟月食復吐，則蝦蟆活矣。旋即擊死，焙乾，研末，作小丸，收藏備用。遇有縊死人，急將此丸強納入喉，周時便蘇。仁和陸子安嘗製此藥，屢試必驗，惟救一童子，則蘇少頃復絕，抑亦奇矣。

芭蕉根實

芭蕉根內有實，每夕五更必從下躍上，有聲。人於此時靜聽得之，俟其躍上，速取之。形如橄欖核，但不知何所用也。

義馬

小說記義馬義犬者多矣，惟余所聞於先大父者，為西安副都統雙就園所乘馬為最奇。《花宜館詩集》有《義馬行》一篇，序云：「咸豐三年，就園督兵剿北路賊，賊夜襲營，所乘馬為炮火驚逸。賊牽馬，馬踶齧不肯行，遂獲賊，乃並獲馬。就園義之。五年，北路賊平，還軍西安，作圖以表其義。」

義犬

余表伯朱雨泉，官陝西甯條梁巡檢，歿於任所。喪還西安，有所蓄黑犬，名曰大漢，隨行二千數百里，日在靈輿左右。一日偶失道，犬獨在前，乃折回，尋柩及之，仍隨行。比至西安城外厝所，表伯母華乃挈之入城。在余家數年，守戶綦嚴。視常犬高大，故以大漢呼之云。

又仁和王子展存善云，其封翁官粵時，有輿夫買一犬，將宰而食之。粵人性喜食犬，習為故常。封翁見犬受束縛哀鳴，問輿夫，知以銀六錢買得者，如數給之，解犬縛，牽歸畜之。後數年，封翁病卒，犬先六日即不食，日蹲封翁臥榻側不去，封翁卒後一日，犬亦死。王氏哀之，每於忌日以小紙書犬名粘於祭案之下，以示不忘。犬名阿黃，以其毛色黃也。

耒陽杜墓

湖南耒陽縣城外濱河有地靴洲，洲上有杜工部墓。余泊舟登岸訪之，一坏完好，有墓碣，字漫漶，似是元至元某年立。按元稹《杜君墓繫銘》云：「子美之孫嗣業，啟子美之柩襄祔事於偃師。」《舊書・文苑傳》「甫於永泰二年卒於耒陽，子宗武流落湖湘而卒。元和中，宗武子嗣業，自耒陽遷甫之柩，葬於偃師縣西北首陽山之前。」是耒陽不當有公墓。或當日慕公者，為公營宅兆，葬衣冠，未可知也。湘南人俗傳公死於水，一靴浮見茲地，至今名其地曰靴洲，則傅會不足信也。

酉陽孫士毅祠碑

嘉慶元年，仁和孫文靖公以四川總督征白蓮教匪於酉陽州，累戰大捷，六月薨於軍。余夙聞酉陽州境長干嶺有公祠。按州試畢，乃屬州牧訪問，紳士無知者。尋飭吏胡吉亭至其地，繪圖貼說以歸，則地名馬鹿溪，又名長干嶺，有自生橋，土人尚知嘉慶乙卯年孫中堂帶兵至此薨逝，並不聞有祠宇，今祇土地廟一，極庳隘，廟側一碑，相傳是中堂神道碑，字跡漫漶不可辨云云。按公薨後，命內臣護其喪歸，非葬酉陽，則神道碑之說乃傳訛。意當日州民感公以死勤事，作祠樹碑，以誌不忘，歲久傾圮，夷為土地廟，而碑則獨存，惜剝蝕過甚，竟不能拓得一字耳。

李節士祠闕

梓潼縣長卿山有李節士祠，祀漢御史李業，入祠則李君闕在焉。道光十四年，知縣徐凝績於田野中得之，移置祠中。闕凡二行，行四字，曰「漢侍御史李公之闕」，字大四寸許，無缺蝕。廊右有碑二：一為明嘉靖壬辰綿中林下七十三翁金獻民舜舉讀李節士詩一，又題李節士新祠詩一，跋云：「嘉靖戊子，巡按御史李東、分巡僉事戴鰤始建祠樹碑」。其一碑為草堆所蔽，不能辨一字。

成都亦園

成都布政使署亦園，乾隆辛丑宛平查儉堂先生禮所闢，有怡情育物之堂、不波館、紅蓼橋、種山臺，小綠天亭、依花避樹廊、花塢、校書房、引涼徑、此君亭、接翠軒諸勝。先大父少時，嘗讀書園中，時妻東姚公一如方伯為布政，先大母姚太夫人方來歸也。後四十年，先大父為四川布政，有《亦園感舊詩》。儉堂為蓮西先生弟，嘗從征兩金川，累官至四川布政使，擢湖南巡撫，著有《銅鼓書堂遺稿》卅二卷。光緒丁酉，余至蜀，問亦園之名，竟無知者。詠齋王丈言藩司官廨幾經修葺，意所謂園者即今附設廨中之各局耳。

青羊宮

成都西郭外青羊宮，不知建自何代，志乘闕載。所祀者或謂太史儋，或謂老萊子，或謂李耳，皆無確據。蓋自唐初崇祀李耳，肇錫隆號曰「太上」、曰「大聖祖」，起於麟德，至天寶而彌盛，靈符遺像，一時譽言，遂成故實，至今羽流居之，日事崇飾，世俗皆以為老子之宮矣。相傳舊有青羊二，一已逸去，今尚存其一，範銅為之，而以鏁鍊錮其足，謂防其更逸，尤為可哂。余幼時曾往遊焉，二三月間花市最盛，士女雜遝。光緒丁酉再至成都，則無暇言遊事，每逢花時，率在外郡，不復能重尋陳跡矣。

蜀多奇姓

蜀多奇姓，若芶、若首、若銀、若竹、若寸，按試各郡，往往有之。石砫廳有隆肇周，劍州有嘉炳南，會理州有太澤宇，皆他郡所無。西昌縣附生買旭升，文字甚佳，試列一等，發落日，詢以得姓之始，自言為微子之後，蓋其族譜相傳如此，不知何所據。

永州新童皆瑤姓

湖南永州府桂陽州童試，皆有猺童名額，號曰新童。蓋自嘉慶間苗猺歸化之後，特設學額，以文教化其獷俗也。新童皆盤姓，其漢槃瓠氏之苗裔歟？

遂昌學署後樓之怪異

先高祖退庵公官遂昌訓導，先曾祖妣程太夫人率先伯祖當塗公、先大父光祿公隨侍。學署後有高樓三楹，軒爽可喜，啟窗則眾峰在目。相傳樓有怪，人莫敢登。程太夫人有膽，攜當塗公、光祿公居樓下，值風日晴和，時往登覽。一夜月色甚朗，又擬登樓遠眺，行至梯半，聞樓中履聲橐橐，須臾樓門啟，有前代衣冠者闖然而出，急滅燭返，尋亦寂然。蓋明末時有殉節於茲樓者，毅魄長留，要不為厲也。

貶俗詩六章

蜀中文學頗盛，而士習多漸染汙俗者。余於課尊經書院日，嘗以貶俗詩六章發題，用白文公新樂府體，拈三字為題。

一曰「多暇日」，戒廢學也。荀子曰：「其為人也，多暇日者，其出人不遠矣。」荒於嬉，安於陋，汨沒於利，均之廢也，戒之哉！

一曰「莠亂苗」，止橫議也。學術歧誤，莠言亂政，非聖無法，厥禍滔天。蜀士誠敦本尚義，不惑異說，比於齊魯，今猶古矣。所願後生小子，毋搖於聞見，毋恣為論議，葆我嘉種，衛我道藩。教者之責，學者之幸。

一曰「鼠無牙」，懲好訟也。訟則終凶，大《易》明訓。人能充無欲害人之心，而仁不可勝用也。積習深痼，牢不可破，庸詎知害人者卒自害乎？

一曰「捉刀人」，惡槍替也。槍之名，不知緣起，無已，姑以捉刀字比附之。彼乃英雄，此則穿窬類耳，機械變詐，廉恥道喪，無怪憤激者之欲廢科舉也。

一曰「阿夫容」，痛煙毒也。天降巨毒，禍我中華，浸淫百年，戕賊無算。愚頑無論已，賢知不免，槐蘭之根而漸之滫，可弗痛歟？

一曰「哀六朝」，正書體也。篆分草隸，遞嬗遞變。隋末唐初，八法正軌，近世好異，乃學六朝。即論六朝，亦自有其平正者，刁遵、鄭羲，差為傑出；誌銘造象，石工麤書，不足言矣。不睹碑版，不識書勢，詖險側媚，衒名駭俗，雖曰小道，亦人心世運之憂也。

楊昌濬異聞

湘鄉楊石泉中丞，以書生崎嶇戎馬，從左相國援浙，由衢州太守洊歷開府，於吾浙建勳甚多；培養士類，用意尤厚。嘗自言少時讀書羅忠節公門下，與王壯武鑫同受業。湘鄉有相士言奇中，一日偕王詣之，曰：「二君皆貴人也。」既又曰：「何兩君皆不能享大年？」王問壽幾何？曰：「顏子之年耳！」楊問之，則曰：「可多十六年。」已而兩人皆隨忠節入戎幕。王戰沒，果如其年。楊撫浙時年甫四十餘，甲戌冬大閱，炮子及其座隅，幾中傷。時議者謂必嚴究，中丞曰：「此誤發耳。」置不問，是歲年正四十六也。逾年，中丞始以告人，曰：「吾今日固當告存矣。」

一蟹貧家三月粥

蜀中無蟹，有南貨客者，多越人，販南中食品至，以一陶器盎貯一蟹，直白金二流。至成都，官吏爭買以宴客，一餚即費數金。其實遠致失真味，大無謂也。先大父嘗作《瘦蟹行》以諷之，其結句曰：「薑新酢釅一杯羹，價抵貧家三月粥。」藹然仁者之言也。

蜀中綠菜

蜀中產綠菜，山谷令蘆山作《綠菜頌》。今則嘉定、雅州水石間多有之，色味形狀與吾鄉紫菜絕相似。

嘉州荔支

嘉州荔支，色香味雖不逮閩、粵，然故是雋品。昔過納溪，有餉此者，舟中飽啖之。聞近歲種植漸廣，結實頗繁，固不止嘉州一樹矣。

蒙頂茶

蜀名山縣蒙山產茶最有名，中頂所產至少而至寶貴。山凡五頂，中頂最高，土僅寸許。相傳漢甘露祖師吳理真種茶八株，今尚存，其七高四五寸，其一高尺二三寸。夏初發芽，不過數十，即有雲霧覆其上。每將採，必先祭之，祭畢而採，採畢即如枯枝。平時樹柵扃鐍以守護之。中頂茶每歲入貢，為四川方物之一。知縣歲以貢餘饋省中大吏一小瓶，中祇一葉耳。《茶譜》云：「獲蒙頂茶一兩，以本處水煎服，除宿疾；四兩，即成地仙。」

成都年景花

成都有年景花，作紫、白、淡紅三色，臘盡抽穗作花，以盆盎雜栽之，作餽歲物，置軒檻間，亦楚楚可愛。

蜀中子規到處有

蜀中子規到處有之，余所至則以寧遠府考棚內外樹間為最多。夜深聞之，其聲慘淒。又有鳥名「悔悔降」者，以其鳴聲類此三字而名之，三四月間有之，先曾大父有《補禽言》詩，此其一也。

敘州多蛇

敘州府考棚倚山為屋，山上多蛇。土人云有蛇神，山半建亭祀之。值試事，掃除屋舍，官必祭蛇神。余所居屋後即山亭，每夕聞蛇鳴，其聲閣閣，然終試無出而為害者。

峨嵋萬年松

峨嵋山有萬年松，枝葉根鬚如縷如髮，視之若已枯者，置水中，則頃刻間黃萎者皆蒼翠，儼然一小松具體而微，然日久則葉落。宜風戾之，或夾置書葉中，仍可復活。

黃河九曲燈

幼時在太原，正月燈市最盛。城守營中有所謂黃河九曲燈者，於廣場多立竹木，以繩繫之，設為曲折徑路，狀黃河之九曲也。男女中夜穿行過之，謂之銷百病。初未知其緣起，後見仁和吳南磵可馴所葺《宣化府志》，言之頗詳。蓋此俗起於宣府，明武宗在宣府盤遊無度，俗極奢靡，其時宣、大毗連，浸淫及於太原，數百年後遂成故事也。南磵，為中林司馬廷華子，隨宦西北最久。

青面孟子金裝孔聖

事有絕可笑而絕相類者。張勤果公撫山東日，有某縣孟氏後裔某具稟，以孟子祠廟傾圮，請發款修葺。勤果批准，撥公款給之。後二年，勤果巡閱至某縣，憶前事，欲親往孟廟行禮。某本其縣之豪猾也，領款乾沒，並未修廟，其鄉人亦無敢言者。至是倉卒，以縣有瘟神廟方葺治完美，乃急易匾聯神牌，一切陳設，一夕而成。明日，勤果來祭。祭畢，瞻仰殿中塑象，大詫，曰：「孟子像何以面色全青耶？」乃窮究罪之。又陳伯潛師傅督學江西，檄南康府縣修白鹿書院，捐廉撥帑，輪奐一新。書院舊有文廟，至聖先師、四配、十哲皆有塑像，所司不察，皆用金裝，如佛像然。伯潛瞻拜之餘，以為駭怪，命更塑之。此二事相類，可發噱也。

程晴峰家書

外大父晴峰程公家書四通，蓋咸豐間戍新疆時予其家人者。其最後一通，則自江右道衢嚴過杭州時書，為咸豐五年乙卯之夏。時先王父巡撫陝西，先大夫得學官巷壽松堂孫氏老屋，葺而新之，公來蒞止，先妣金太夫人率慶坻兄弟姊妹出拜公於堂下，故有「情意殷諄，視同所生」語，書中所云：「第四年六七歲」者，即慶坻也。駿齋表侄來遊杭州，出以見示。七十之年，萬里行役，而敘述綜密，翰墨腴美若是。累經兵火，遺墨僅存，追念前塵，相距六十五寒暑，昔日髫齔，今已頹齡，鮮民餘痛，彌用感愴。

李桓自輓聯句

李黼堂中丞桓病中作自輓聯句，云：「作秀才十年，作外吏十年，作江湖野老三十年，來日無多，於願已足；刻聖蹟百卷，刻自著百卷，刻耆獻類徵七百卷，幾生修到，其書滿家。」中丞嘗刊《闕里文獻考》一百卷，刊奏議、書牘、詩文為《寶韋齋類稿》一百卷。

日本有唐代歌舞

日本相傳有唐代歌舞，每歲天長節於宮中演之，先期演習。文部介紹于式部導余輩至所謂雅樂稽古所者，廣廈九楹，陳設華美，外為舞臺，臺正方而高，飾以青幢，其舞有三：

一曰久米舞。神武天皇率久米部之軍，擊土賊於大和國兔田縣，平之，賜將士宴，作國歌，將士拔劍舞誅賊之狀，遂以為名。中立一人撫箏，左右二人舉箏侍立，左四人緋衣執笏，右四人黃衣執笏，又吹笛者二人，擊板者二人。歌半，四人者起舞，既而拔刀跪起而舞。舞罷，有舉琴者，有吹簫吹笙者，合而歌。歌罷，徐徐而退。

一為春庭花，自唐朝傳來。臺上凡十二人，列坐於地，一人擊羯鼓，諸樂齊作，又四人作二列，束帶佩劍，披繡衣，立而舞，乃擊大鼓。既而四人拱立，樂止。少頃，樂再作，復盤旋良久乃退。一為蘭陵王，亦唐朝樂。北朝蘭陵王長恭，美容儀，常被假面臨敵，擊周師於金墉城下，齊人壯之，擬其指撝奮戰之狀作此舞也。一武士被赤甲，戴面具危冠舞蹈出，旁十二人吹管擊鼓以應節。手執鞭，長裾曳地，盤辟作戰狀，久之亦徐徐而退。

即此，知其國保存古制之一端矣。

日本藏中國古籍

日本維新而後，學制更改，而保存故籍所在都有。黎蒓齋所刊《古逸叢書》，得入中土，夫人而知之矣。余至東京，所見帝國圖書館有宋本《廣韻》、《姓解》，即黎氏景刊本也；又有唐人寫經卷數種。館中閱覽室中國書最多，有伏案就鈔者二人，一鈔《古詩源》，一鈔《曝書亭集》也。早稻田大學書庫，見唐寫禮記皇侃疏喪服小記卷子，極精。

嘉納治五郎之外舅竹添光鴻，字漸卿，號井井，尤竺耆經筈，著《左氏會箋》，所藏宋元槧本，有：淳化三年校進本《毛詩正義》，卷首列李沆、賈黃中、張齊賢、李昉等銜名，紹興九年紹興府雕造，又唐卷子本《漢書・揚雄傳》一卷，自反《離騷》以下至卷終止，紙色如黃麻，書體與唐寫經相似。

陳遹聲異夢

同年陳蓉曙遹聲，甲辰十二月朔夜夢與古今人合試於保和殿，論一、策一、賦一、五言二十韻詩一，忘其題。須臾榜發，宋潛溪第一，吳草廬第二，蓉曙名列二十四，余名列四十八，丙戌同年尚有天津徐菊人，其名次不復記憶，元、明以後名人多與其列。余輩皆衣冠集於舊翰林院，宣詔謝恩，如庶吉士授職。禮畢頒賜，蓉曙得賜金，余賜表裏，聯騎而歸。蓉曙有詩記異。

記夢二則

辛丑夏五月西安寓齋，患腹疾，極委頓，病癒，兩次夢見戴文節公。一在橋邊，匆匆相遇，余問：「見夏穗卿否？」公曰：「未見。」一在公室中，著貂馬褂也。

辛丑三月十二夜，夢至一處，有大橋，橋有垣，門上題「東鏡塘橋」四字。過橋，又至一處，室極寬，無人，後乃見吳佩蔥在焉，為人檢拾滿地字紙。

血歷史119　PC0731

新銳文創
INDEPENDENT & UNIQUE

清朝全觀察：

蕉廊脞錄

原　　著　　吳慶坻
主　　編　　蔡登山
責任編輯　　劉亦宸
圖文排版　　周妤靜
封面設計　　蔡瑋筠

出版策劃　　新銳文創
發 行 人　　宋政坤
法律顧問　　毛國樑　律師
製作發行　　秀威資訊科技股份有限公司
114 台北市內湖區瑞光路76巷65號1樓
電話：+886-2-2796-3638　傳真：+886-2-2796-1377
服務信箱：service@showwe.com.tw
http://www.showwe.com.tw
郵政劃撥　　19563868　戶名：秀威資訊科技股份有限公司
展售門市　　國家書店【松江門市】
104 台北市中山區松江路209號1樓
電話：+886-2-2518-0207　傳真：+886-2-2518-0778
網路訂購　　秀威網路書店：https://store.showwe.tw
國家網路書店：https://www.govbooks.com.tw

出版日期　　2018年4月　BOD一版
定　　價　　390元

國家圖書館出版品預行編目

清朝全觀察：蕉廊脞錄 / 吳慶坻原著；蔡登山主編. -- 一版. -- 臺北市：新銳文創, 2018.04
面；　公分. -- (血歷史；119)
BOD版
ISBN 978-957-8924-09-3(平裝)

1.清史 2.筆記 3.史料

627　　107004099

讀者回函卡

感謝您購買本書，為提升服務品質，請填妥以下資料，將讀者回函卡直接寄回或傳真本公司，收到您的寶貴意見後，我們會收藏記錄及檢討，謝謝！

如您需要了解本公司最新出版書目、購書優惠或企劃活動，歡迎您上網查詢或下載相關資料：http:// www.showwe.com.tw

您購買的書名：________________________________

出生日期：________年________月________日

學歷：□高中（含）以下　□大專　□研究所（含）以上

職業：□製造業　□金融業　□資訊業　□軍警　□傳播業　□自由業

□服務業　□公務員　□教職　□學生　□家管　□其它_____

購書地點：□網路書店　□實體書店　□書展　□郵購　□贈閱　□其他

您從何得知本書的消息？

□網路書店　□實體書店　□網路搜尋　□電子報　□書訊　□雜誌

□傳播媒體　□親友推薦　□網站推薦　□部落格　□其他__________

您對本書的評價：（請填代號　1.非常滿意　2.滿意　3.尚可　4.再改進）

封面設計____　版面編排____　內容____　文／譯筆____　價格____

讀完書後您覺得：

□很有收穫　□有收穫　□收穫不多　□沒收穫

對我們的建議：________________________________

____

____

____

請貼
郵票

11466
台北市內湖區瑞光路 76 巷 65 號 1 樓
秀威資訊科技股份有限公司 收
BOD 數位出版事業部

（請沿線對折寄回，謝謝！）

姓　名：＿＿＿＿＿＿＿＿ 年齡：＿＿＿＿ 性別：□女 □男

郵遞區號：□□□□□

地　址：＿＿＿＿＿＿＿＿＿＿＿＿＿＿＿＿

聯絡電話：(日) ＿＿＿＿＿＿＿＿ (夜) ＿＿＿＿＿＿＿＿

E-mail：＿＿＿＿＿＿＿＿＿＿＿＿＿＿＿＿